AF311624

LA MOSELLE

A

L'EXPOSITION UNIVERSELLE

DE 1867

METZ

F. BLANC, IMPRIMEUR-ÉDITEUR, RUE DU PALAIS

1867

AVANT-PROPOS.

Dans le seul rapport que l'on possède à Metz, sur la participation prise par la Moselle aux Expositions universelles, M. Jacquot, ingénieur des Mines, disait en 1855 :

« Quand on veut apprécier le degré d'avancement industriel d'une contrée, il y a une mesure qui se présente naturellement à l'esprit ; cette mesure, c'est le développement qu'y ont pris les machines à vapeur. »

Donc, pour donner une idée de l'importance industrielle de notre département, nous dirons qu'en 1855, lorsqu'il était classé le huitième de France, il n'avait que quatre-vingt-dix usines employant 3 044 chevaux-vapeur ; aujourd'hui deux cents usines environ sont mues par trois cent soixante machines à vapeur, représentant une force totale de plus de 9 700 chevaux-vapeur.

Complétons ces données en disant la part prise par nos compatriotes aux diverses Expositions universelles que nous avons vues :

En 1851, à Londres, la Moselle comptait 10 exposants sur 1 736 Français ;

En 1855, à Paris, 63 sur 10 691 ;

En 1861, à Metz, le tiers des 2 353 exposants appartenait au département, soit 698 ;

En 1862, à Londres, il y avait 21 Mosellans sur 4 780 Français ;

Enfin, cette année, nous n'avons trouvé au Champ de Mars que ·55 de nos compatriotes sur 11 645 Français.

Nous ne pouvons nous expliquer cette différence avec 1855 ; on ne retrouve, en effet, à l'Exposition universelle de 1867 que dix - sept des industriels qui avaient exposé au Palais des Champs-Elysées.

Il en résulte que la nomenclature de celles de nos industries qui n'ont pas cru devoir prendre part au grand concours de 1867 est assez étendue.

L'*agriculture* et l'*horticulture*, si avancées chez nous, pouvaient se choisir de dignes champions parmi MM. Lapointe, Dorr, Carny, Curé, Roget de Belloquet, Hourier, Simon-Louis frères, Gourdeaux, Jacquin ;

Nos *vignes* et nos *vins* représentés par MM. Blanpied, Carau, Jacquin, Machetay, étaient sûrs de nombreux succès ;

Enfin, nos excellents *fruits*, présentés *frais, ou conservés* par MM. Ronjon, Bour, Collignon, Rieutort, Carmouche, auraient encore étendu la réputation déjà si bien établie de notre Moselle.

Si nous quittons les produits de la terre pour arriver aux usines, nous constaterons d'abord que *vingt usines métallurgiques* pouvaient s'ajouter aux huit qui nous représentent déjà.

Qu'en outre, nous avions à produire les *machines* de MM. Glavet, Humbert, Munier, Robinet ; les *machines agricoles* de MM. Dusaulx et Pierret, de Metz; Thomas, de Moulins ; la *chaudronnerie* de MM. Gugnon, Munier, Robinet; la *pointerie* de M. Cannepin; la *serrurerie* de MM. Cathelinaux, Quentin ; la *carrosserie* de MM. Nicolas frères, Woignier, Crosse.

Nos *tanneries* pouvaient offrir non-seulement les produits de M. Sendret, mais encore ceux de MM. Gillard, de Sierck, Becker, Bernard frères, Bultingaire, Gérard, etc.

Et combien d'autres établissements pouvaient prendre part à la lutte ! combien de fabriques diverses !

De *drap* et de *flanelles* avec leurs maisons de teinture ;

De *chaussures* de MM. Herbin-Tisserant, Legris, Sceurat ;

De *toiles filées et blanchies* de MM. Humblot frères, Humblot neveux, Thiriet ;

De *cotons filés* de M. Loizillon, à Briey ;

De *papiers peints* de MM. Barillot, Gautier, Granthil et Didion ;

D'*allumettes chimiques* et de *chapeaux de paille* de l'arrondissement de Sarreguemines.

De *pâtes alimentaires* de MM. Espagne et Flandre ;

De *fécules* de M. Mangin, de Queuleu, et d'*amidons* de M. Saint-Jacques.

Pourquoi la *passementerie militaire* de Metz, si renommée, n'a-t-elle pas été exposée par MM. Maury, Toussaint ?

Pourquoi d'autres établissements recommandables se sont-ils tenus à l'écart ? tels que les *verreries* de Pépinville-Richemont et de Verrerie-Sophie, avec leurs bouteilles ; les *faïenceries* de **MM.** d'Huart, de Longwy, et Lamort, de Sierck ; les *distilleries* de Maizières, de Basse-Yutz, de Courcelles, de Metz, de Longeville-lès-Saint-Avold, etc. ; les *sucreries* de Basse-Yutz, d'Ennery ; les *huileries* de Metz, Thionville, Sierck ; les *fours à chaux et à plâtre*, les *tuileries*, les *scieries*, les *brasseries*, répandus un peu partout ; la *papeterie* de M. Gentil, à Mainbottel ; les *imageries* de **MM.** Gangel et P. Didion, et de M. Thomas ; la *lithographie* de M. Nouvian ; la maison de *décoration* de **MM.** Pigneul et Graffe, successeurs de George-Hesse ?

Enfin, nous ne voulons pas abandonner cette nomenclature, des industries de la Moselle qui se sont abstenues de prendre part à l'Exposition, sans regretter d'avoir à y ajouter nos nombreuses *minoteries ;* la *brosserie* de **MM.** Brevot, Dassise, Jacquemot ; le *caoutchouc* manufacturé de M. Krafft, au Sablon ; les *cheveux* préparés de M. Cardinet, à Boismont ; les *produits chimiques* de Mme veuve Appolt et Eichacker, à Boulay ; de M. Courte, de Metz ; les *dallages* de **MM.** Utzschneider et Jaunez, de Sarreguemines ; les *engrais* de **MM.** Monchy, Talard, de Metz, et Hertz, de Saint-Avold ; la *cordonnerie* de **MM.** Boulay, Dargent, Dijon, Michel, etc. ; la *sellerie* de **MM.** Germain, Tinturier ; les *matières premières pour chapellerie* de **MM.** Beller, Fabricius ; les *ouates* de M. Durst ; la *colle-forte* de M. Lametz, à Vallières ; les *crins préparés* de **MM.** Champigneulle, Pichon ; les *sels* des salines de Sarralbe et de Saltzbronn ; enfin, les *cires*, les *bougies*, ou les *chandelles* de **MM.** Lagneau, Loyauté, Schmitt, et Talard.

Cette énumération, quoique longue déjà, est loin d'être complète. Elle suffit, toutefois, pour constater que plus de cinquante de nos industries locales, faisant vivre des milliers d'ouvriers dans près de deux cents usines, ne se sont pas présentées à l'Exposition. A part quelques erreurs regrettables, le Jury international a cependant estimé assez haut l'importance et la perfection des produits de l'industrie de la Moselle, pour accorder cinquante-deux distinctions à trente-six de nos exposants et à huit de leurs collaborateurs.

LA MOSELLE

A

L'EXPOSITION UNIVERSELLE

DE 1867

MINES.

Sous ce titre nous parlerons des diverses richesses tirées du sol de notre département, exposées soit par le Corps impérial des Mines, soit par des concessionnaires particuliers.

Donnons le premier rang aux *Minerais de fer d'alluvion.* Leur excellence les a fait nommer minerais de *fer fort;* ils se trouvent disséminés en amas parfois très-considérables dans la région nord du plateau qui s'étend à l'est du cours de la Moselle. On les extrait à ciel ouvert, puis on les soumet à un lavage à bras d'où ils sortent réduits des deux tiers. Ainsi préparés, ils fournissent environ 38 p. °/₀ de bonne fonte d'un blanc gris.

Beaucoup de ces exploitations ont été abandonnées, soit à cause de leur épuisement, soit en raison des difficultés d'extraction, de lavage et de transport. Six exploitations persistent en ce moment : Saint-Pancré, Aumetz, Audun-le-Tiche, Butte, Bockholtz et Fillières.

La valeur du minerai lavé, extrait de ces diverses minières, a été, pour 1865, de près de 356 000 francs. On n'y a pas employé moins de trois cent quatre ouvriers.

Une importance beaucoup plus grande est attachée au gisement de *Minerai de fer hydroxydé oolithique,* qui s'étend sous le grand plateau jurassique, dans la partie ouest de la Moselle et de la Meurthe, en allant de Longwy à Pont-Saint-Vincent, ce qui fait environ 100 kilomètres à vol d'oiseau.

Ce minerai, dont le rendement varie de 28 à 40 p. % de fer, est exploité par travaux souterrains sous les plateaux, et à ciel ouvert dans les affleurements des vallées de la Chiers, de l'Alzette, de la Fensch et de l'Orne. On l'expédie aux usines après un simple triage fait sur les chantiers de production.

Cette exploitation a fait, jusqu'ici, l'objet de dix-huit concessions, occupant près de 8 000 hectares. De nombreuses demandes nouvelles sont en cours d'instruction.

En 1865, seize cents ouvriers ont été occupés à l'extraction d'environ 605 000 tonnes de minerai, valant plus de 2 000 000 de francs.

La majeure partie alimente les usines des concessionnaires, situées, en général, à proximité des mines. Cependant, les chemins de fer de l'Est, du Nord et de la Belgique en exportent dans les usines des contrées limitrophes. Même des environs de Sarrebruck, on vient prendre dans la Moselle des approvisionnements considérables.

La vitrine des collections rassemblées par MM. les ingénieurs des Mines (galerie des *matières premières*) offre vingt-trois échantillons de minerai pris à Hayange, Moyeuvre, Ars, Mance, Mont-Saint-Martin, Coulmy, Senelle, Méxy, Ottange, Aumetz, Saint-Pancré, Audun-le-Tiche, Fillières, Bockholtz et Butte. Le choix a été fait par M. Barré, ingénieur ordinaire du département.

Dans la même salle (vitrine 52, classe 40), *M. Maximilien Pougnet* a exposé du minerai oolithique provenant de la concession de Marange, située sous les carrières de pierre de Jaumont. Cette concession, dont la production est encore peu importante, fournit aux forges prussiennes et bavaroises des environs de Sarrebruck.

Le bassin houiller de la Moselle est un prolongement, sur le territoire de la France, du bassin de la Sarre qui existe en Prusse et en Bavière, au pied du Hundsrück.

Nous payons à ces deux puissances près de **11 000 000** de francs pour obtenir les trente-huit centièmes de la houille extraite.

Ce chiffre énorme démontre suffisamment l'avenir qui attend le bassin de la Moselle.

Les onze concessions, instituées jusqu'ici dans les plaines de Forbach et de Creutzwald, occupent une superficie de 217 kilomètres carrés ; mais on n'y compte pas plus de deux exploitations en activité, — Schœnecken et Carling.

Elles fournissent des houilles généralement classées dans la catégorie des houilles demi-grasses à longue flamme, bonnes pour la grille. Le coke résultant de leur calcination en vase clos est bien aggloméré, mais on n'a pas encore réussi à le fabriquer d'une manière satisfaisante pour l'industrie.

La concession de *Schœnecken* comprend trois groupes d'exploitation, ayant quatre puits ; onze couches d'importances diverses ont été reconnues jusqu'ici, et onze cents ouvriers en ont extrait, l'an dernier, plus de 150 000 tonnes. La presque totalité a été livrée à MM. de Wendel fils et Cie, pour l'alimentation de leurs grands établissements métallurgiques.

Les expéditions sont facilitées par un chemin de fer à grande section, reliant les puits en exploitation à la ligne des chemins de fer de l'Est, près de Forbach.

L'histoire de la concession de Schœnecken mérite une place dans les annales de la persévérance humaine.

A la suite des traités de 1815, qui enlevèrent à notre département les mines si riches de Sarrebruck et de Sarrelouis, une compagnie se forma pour arriver à la découverte du prolongement des couches de houille sur le sol français.

C'est en 1817 que la houille fut rencontrée, pour la première fois, dans les environs de Forbach. Depuis cette époque les travaux de reconnaissance se poursuivirent avec des chances diverses ; de nombreux sondages furent entrepris puis abandonnés.

Enfin, en 1846, le découragement était complet lorsque l'ouverture prochaine de la ligne du chemin de fer de l'Est détermina la spéculation à un effort désespéré ; mais l'épreuve avait été trop forte pour l'ancienne société de Schœnecken, qui succomba le 15 novembre 1853, après avoir lutté treize ans et dépensé plus de 1 000 000 de francs.

Tout l'honneur de la mise en exploitation des houillères de Schœnecken revient donc à la société actuelle.

La concession de *Carling* ne comprend jusqu'ici qu'un seul puits d'extraction, le puits Saint-Max, dans lequel l'extraction de la houille a commencé en 1862.

Sur les sept couches de houille recoupées par ce puits, trois seulement sont exploitées, les quatre autres ont dû être abandonnées pour diverses causes, quitte à les reprendre dans l'avenir.

Le charbon extrait de cette concession se place dans la Moselle, la Meurthe et la Meuse pour le chauffage des distilleries et des brasseries, ainsi que pour les chaudières à vapeur et le chauffage domestique. — Plus de deux cent cinquante ouvriers ont extrait près de 18 000 tonnes en 1866.

M. Barré a exposé, toujours dans la même vitrine (n° 23, classe 40), quinze échantillons des diverses couches des deux concessions de Schœnecken et de Carling.

Dans la vitrine (N° 53) de M. Maximilien Pougnet, directeur de la Société de Carling, se trouve également de la houille, provenant de cette dernière concession, dont l'exploitation est suspendue momentanément.

C'est en 1854 que M. Pougnet a fait commencer les premières recherches de houille dans la plaine de Creutzwald. Une société s'est alors formée ; en 1856, elle a entrepris à Carling un fonçage qui a rencontré des difficultés longtemps crues insurmontables. En effet, les terrains *aquifères* ont une épaisseur de près de 160 mètres, et, pendant plusieurs années, la venue d'eau a varié de 80 à 120 hectolitres à la minute. Néanmoins, à l'aide de machines très-puissantes, le 26 octobre 1860, on recoupait la houille à 207^m,65. Aujourd'hui le puits a 375 mètres de profondeur.

La houille que l'on extrait de cette concession, depuis 1862, est de fort bonne qualité. Mais la production ne pouvant progresser à cause de fréquentes invasions d'eaux, la Société s'est décidée à revêtir le cuvelage en bois d'un cuvelage en fonte. Ce travail qui sera, espère-t-on, terminé en décembre prochain, mettra pour jamais le puits à l'abri ; l'extraction s'en augmentera d'une façon notable.

Avec les sondages de Creutzwald et de Carling, M. Pougnet a remporté une médaille de bronze à l'Exposition de 1855. Notre Exposition de 1861 lui a valu une médaille d'or, et après l'Exposition de Londres, il a été fait chevalier de la Légion d'honneur.

Le nom de M. Pougnet nous ramène aux *Carrières de Jaumont,* dont l'exploitation est contemporaine des premiers âges de notre histoire, puisque leurs pierres, bien connues dans tout le pays Messin, ont servi à la construction de la Cathédrale et de tous les édifices de Metz.

Malgré la parfaite qualité des produits de ces carrières, leur rayon de vente avait été fort peu étendu jusqu'en ces dernières années, à cause de la cherté des transports et du mauvais état des chemins les reliant aux grandes voies de communication. Depuis 1863, M. Pougnet a fait établir un chemin de fer américain reliant Jaumont à la station de Maizières-lès-Metz, sur la ligne de l'Est.

Au premier aspect, ce chemin semblait inexécutable, à cause de la grande différence de niveau qui existe entre la carrière et le point d'arrivée. La difficulté a été vaincue par la construction d'un plan incliné de 374 mètres de longueur avec des pentes de 38 et de 45 centimètres par mètre.

Les wagons pleins, descendant sur ce plan, font remonter les wagons vides. Cette ingénieuse manœuvre s'exécute au moyen de deux câbles en fil de fer, s'enroulant sur des bobines, et malgré une inclinaison énorme, il n'est jamais arrivé d'accident.

C'est, croyons-nous, le seul plan incliné qui ait encore été construit dans de semblables conditions et sur lequel circulent des wagons aussi lourds, — chacun porte 5000 kilogrammes.

La longueur totale du chemin de fer de Jaumont est de

10 070 mètres ; il a été livré à la circulation en 1865. Depuis ce temps, les moellons accumulés dans les carrières en partent pour les constructions de Metz et de Thionville. La pierre de taille, dont l'exploitation ne peut suffire aux demandes, s'expédie dans les départements voisins, en Belgique, en Hollande, dans le Luxembourg et en Prusse.

Ces carrières occupent cent cinquante hommes dont le salaire, établi à la tâche, varie de 1 fr. 50 à 4 francs par jour, suivant le plus ou moins d'aptitude et d'assiduité. Leur caisse de secours est alimentée par une retenue de 3 p. % sur les salaires et par une subvention de 1 p. % due à M. Pougnet. Elle assure aux ouvriers et à leurs familles, les soins du médecin, les médicaments, une subvention fixe pendant tout le temps de la maladie, les frais d'inhumation et enfin l'écolage gratuit d'un enfant par famille.

Deux magnifiques échantillons des pierres de Jaumont (n° 253, classe 65) reposent dans le parc le long du quai d'Orsay, à côté de la salle des conférences : l'un forme un cube de 1 mètre carré sur 5 mètres de longueur ; l'autre est un immense bassin ayant 7 mètres de longueur sur 1 mètre carré.

Impossible de quitter les mines de la Moselle sans parler du procédé de *fonçage à niveau plein* que MM. Kind et Chaudron ont employé sur le territoire de Lhôpital.

La Société houillère de Saint-Avold et Lhôpital, dirigée par M. J. Lévy, se trouvait en présence des mêmes difficultés de fonçage que celles de Carling ; elle n'a pas cru devoir entreprendre ce travail par les procédés ordinaires dits d'Anzin qui auraient englouti 2 à 3 000 000 de francs par puits.

Apprenant que le système Kind-Chaudron venait de réussir en Belgique pour le creusement d'un puits situé aux mines de Péronne, la Société l'employa, en 1862, pour traverser les terrains aquifères dans ses deux puits d'aérage et d'extraction qui mesurent, le premier, $1^m,80$ de diamètre, et le second, $3^m,40$ *dans œuvre.*

Par ce procédé simple, économique et certain, le puits est

creusé au moyen de trépans de deux ou trois diamètres différents que l'on fait travailler tour à tour. Les détritus détachés par les trépans sont amenés du puits avec des cuillers, sortes de cylindres en tôle d'un mètre de capacité dans lesquels les matériaux, entrant par le fond, sont retenus par des sortes de clapets. En cas d'accident, de rupture, des outils de sauvetage spéciaux retirent les parties d'outils brisés.

Le forage étant arrivé sur une base solide, au-dessous des terrains aquifères, on pratique le cuvelage ; opération qui a pour but de revêtir les parois du puits de tronçons en fonte d'une seule pièce, ayant 1^m,50 de hauteur, assemblés et jointés au jour.

Quand tout le cuvelage est en place, on procède au bétonnage, — opération consistant à faire descendre un mélange hydraulique dans l'espace laissé libre entre la roche et le revêtement en fonte. — On se sert à cet effet de cuillers dont le contenu ne se vide que lorsqu'elles ont atteint le fond de l'espace.

Le mélange est composé de produits volcaniques venant des bords du Rhin, de ciment de Roppe, de chaux hydraulique et de sable. On le laisse durcir pendant un mois ; puis on vide le puits avec de simples tonneaux mus par la machine-cabestan.

Malgré un travail de trois années, l'exécution totale des deux puits de Lhôpital n'a coûté à la Société que 800 000 francs. On a déjà recoupé une couche de houille de 1^m,40 d'épaisseur, que l'on exploite tout en poursuivant le fonçage du puits pour aller à la rencontre de nouvelles couches. Avec ce système, on n'a plus d'entretien, les joints sont parfaitement étanges et l'on peut travailler en toute sécurité.

Deux trépans et un grappin ayant servi au puits de Lhôpital, ainsi qu'une pièce de cuvelage en fonte, sont exposés dans la grande galerie des machines (classe 47, n° 53). Cette exhibition, fort intéressante pour les spécialistes, à valu à MM. Kind et Chaudron, un grand prix représenté par une médaille d'or ; à la Société de Saint-Avold une médaille d'argent, et M. l'ingénieur Lévy a été fait chevalier de la Légion d'honneur.

PAVAGE.

M. Charton, qui est porté au livret sous le n° 379 de la classe 65, a fait paver l'entrée de la porte de l'Université. Nous avons vu ces petits pavés si connus dans l'Est, supporter sans broncher la voiture traînée par 25 chevaux qui, le 23 juillet, a pu amener à l'Exposition le gros canon français en acier, pesant 38200 kilogrammes.

N'est-ce point la plus belle mention qui puisse être décernée au quartzite de Sierck?

MÉTALLURGIE.

« L'industrie du fer est bien ancienne dans notre pays, écrivait, en 1855, M. l'ingénieur Jaquot. Des titres établissent qu'au quatorzième siècle, il y avait déjà des ateliers en activité dans les vallées de l'Orne et de l'Alzette; mais si l'histoire ne remonte pas plus haut, on trouve dans les plaines de l'arrondissement de Briey des monuments d'une authenticité incontestable qui attestent qu'on y a fabriqué du fer dès les premiers âges de notre ère. »

Cette industrie devait naturellement se développer dans notre contrée, à cause de l'abondance et de la variété des ressources que la nature lui offre.

« Si ces ressources ne le cèdent à aucun autre point du territoire de l'Empire, on peut dire aussi que les industriels de la Moselle ont su en tirer un excellent parti et notre département occupe aujourd'hui incontestablement le premier rang parmi ceux qui se livrent à l'élaboration des produits sidérurgiques. »

Nous allons faire connaître, l'importance et la variété de ces produits, par quelques chiffres et par la revue des exposants de la classe 40.

La consommation totale des usines à fer, aciéries et forges de la Moselle était, en 1859, de 594573 tonnes; leur produit, de 104719 tonnes, et le nombre des ouvriers employés montait à sept mille sept cent soixante et un. Depuis cette époque, plusieurs nouvelles usines se sont établies et d'autres ont subi d'importantes améliorations ; ce qui pour 1865 avait déjà fait augmenter la production de 90 p. %, car les huit mille quatre cent sept ouvriers qui travaillaient à nos usines pendant cette année avaient produit 198307 tonnes.

Cette progression qui a certainement continué depuis, est à remarquer, surtout si on la rapproche de la stagnation actuelle du marché métallurgique.

MM. Dupont et Dreyfus, d'Ars-sur-Moselle, possèdent les usines de Saint-Paul et Saint-Benoît. M. Rémaury, ingénieur-directeur de ces importantes usines, a bien voulu nous adresser des notes fort instructives, sur la fabrication du fer au point de vue de son emploi dans les constructions et sur les matières premières destinées à la production de ces fers.

Avant d'en reproduire ici le texte, hâtons-nous de dire que les hauts-fourneaux de Saint-Paul et Saint-Benoît absorbent annuellement environ 160000 tonnes de matières premières, sans compter la houille. Leur production de fonte et de fer s'élève à 80000 tonnes.

On y trouve des ateliers spéciaux pour l'établissement et l'entretien de leur outillage et de leurs machines ; on y fabrique aussi le gaz d'éclairage et les briques réfractaires employées à la construction de leurs fourneaux.

Enfin, les ouvriers de MM. Dupont et Dreyfus habitent des cités-modèles, et jouissent des avantages qui leur sont offerts par de nombreuses institutions de bienfaisance.

Note sur les établissements de MM. Dupont et Dreyfus à Ars-sur-Moselle.

C'est en 1847 que furent créées, à Ars, les forges de Saint-Paul et de Saint-Benoît. La forge de Saint-Paul, par une Société sous la raison sociale Gautier, Renaut et Cie, et la forge de Saint-Benoît par MM. Dupont et Dreyfus. Ces usines ont donc aujourd'hui vingt années d'existence. Leurs premiers moments furent difficiles ; la révolution de 1848 jeta le découragement parmi les industriels ; la société, qui avait créé la forge de Saint-Paul, n'osa pas la mettre en marche, elle préféra liquider, c'est ainsi que cette forge passa, en 1849, dans les mains des propriétaires de Saint-Benoît ; en 1860, MM. Dupont et Dreyfus y transportèrent leurs laminoirs des Ardennes.

La forge de Saint-Benoît consista d'abord en un haut-fourneau qui produisit des moulages, notamment des coussinets de chemin de fer.

La forge de Saint-Paul comprenait dans son premier plan, deux hauts-fourneaux de moyenne dimension et une halle de laminoirs avec quelques fours à puddler et à réchauffer, desservis en commun par la même machine qui menait d'un côté les trains ébaucheurs et de l'autre les trains finisseurs.

Pour les personnes peu au courant de la production du fer, il est utile de dire en deux mots en quoi consistent les élaborations successives du traitement métallurgique.

Le minerai est un composé d'oxyde métallique et de matières étrangères ou gangues dont on doit le débarrasser. Pour fondre ces matières, il faut les combiner avec des corps qui les rendent fusibles ; le fer combiné avec du carbone devient ce qu'on appelle la fonte, les gangues argileuses combinées avec des fondants calcaires, passent à l'état de laitiers.

La fusion se fait dans les hauts-fourneaux, appareils plus ou moins volumineux, selon la production de fonte qu'on cherche à atteindre. C'est là, qu'à la température élevée, produite par la combustion du charbon de bois ou du coke activée par de l'air injecté à une pression énergique, les matières chargées en proportions voulues, de combustibles, minerais et castine (fondant calcaire) se transforment d'une part en produits utiles, les fontes ; d'autre part, en matières stériles qu'on appelle les laitiers ou plus vulgairement crasses.

La fonte obtenue est coulée dans des lingotières sous la forme la plus convenable pour l'opération suivante qui s'appelle le *puddlage,* du mot anglais *to puddle,* qui signifie remuer.

Dans les hauts-fourneaux, on opère sur des masses de matières à la fois. Ainsi un des hauts-fourneaux d'Ars-sur-Moselle a produit par jour jusqu'à 45000 kilogrammes de fonte ; c'est surtout la machine soufflante qui travaille, et il suffit de la proportionner à l'effort nécessaire à la production désirée. Une production journalière et régulière de 30 000 kilogrammes est déjà très-satisfaisante.

Dans le four à puddler, il faut un combustible à flamme, qui, partant d'une grille, vient porter toute l'intensité de sa chaleur dans un espace voûté où elle agit par réverbération, d'où vient le nom de *four à réverbère*. — Les fours à puddler et à réchauffer sont donc à réverbère : dans les premiers se passent des actions chimiques, la fonte, qui est un composé de fer et de carbone, y est ramenée à l'état de fer par la flamme et le brassage du métal qui a pour but de faciliter l'action des gaz venant de la grille.

Le puddleur fait dans sa journée un certain nombre d'opérations qui vont jusqu'à dix; et si dans chaque opération, il opère sur 200 kilogrammes de fonte, ce qui est un chiffre moyen, il a travaillé 2 000 kilogrammes. C'est déjà un grand maximum.

A cause des déchets de la transformation de la fonte en fer, un four ne rend guère au delà de 1 800 kilogrammes de fer en douze heures, soit 3 600 en vingt-quatre heures.

Ainsi une usine qui aurait trente fours à puddler en activité, produirait environ par jour de travail 100 000 kilogrammes; c'est la production de la forge Saint-Paul.

Quand le fer est obtenu dans le four à puddler, il est spongieux, composé de petits cristaux, baignés dans une scorie liquide à haute température. Le puddleur réunit tous ces éléments en quatre ou cinq boules qu'on appelle des loupes et qui, à leur sortie du four, sont envoyées au marteau-pilon; ce marteau, mû par la vapeur et d'un poids considérable, réunit entre eux les éléments ferreux et les comprime en expulsant les scories; la masse de fer est encore assez chaude pour être immédiatement laminée et convertie en une barre méplate.

Le fer n'est pas encore vendable, c'est du fer brut; pour le livrer au commerce, il faut lui donner la forme définitive de son emploi. Cette opération se produit en découpant les barres de fer brut, en les réunissant en paquets plus ou moins volumineux, qui soudés entre eux dans des fours à réchauffer, deviennent des barres rondes, carrées, des rails et des fers à formes plus ou moins difficiles, compris sous le nom de fers spéciaux.

C'est pour leur remarquable exposition de fer de construction que MM. Dupont et Dreyfus viennent d'obtenir une médaille d'or et la croix d'honneur à l'Exposition universelle.

Nous allons donner quelques explications sur les fers de construction que produisent les forges de Saint-Paul.

L'importance d'un établissement se mesure non-seulement à la quantité de ses produits, mais surtout à leur spécialité. Or, il faut bien le reconnaître, la grande production est généralement liée à la pratique en grand d'une opération continue, identique : telle est la fabrication des rails, dont les laminoirs, une fois établis, fonctionnent régulièrement d'un bout de l'année à l'autre.

Les fers de construction sont demandés en quantités limitées. Chaque constructeur a des formes qu'il croit meilleures que d'autres ; c'est ainsi que s'accroissent en proportions considérables les types de fers dits spéciaux.

La forge de Saint-Paul a présenté à l'Exposition universelle cinq cent trente-sept échantillons différents. On conçoit facilement par cette nomenclature que le caractère principal de la production d'Ars est le changement continuel de cylindres ; c'est un grave écueil qui nécessite toute une organisation que nous ne ferons qu'indiquer, et un personnel d'élite.

En effet, il ne faut pas tâtonner, il faut réussir du premier coup. Il est en outre évident que le chiffre de la production doit être nécessairement réduit par des variations aussi fréquentes dans le travail. — Tous les fers plats, ronds et carrés du commerce se laminent également aux forges de Saint-Paul et même les larges fers plats sur lesquels nous aurons à revenir plus loin, car ils font partie des fers de construction par leur combinaison avec d'autres fers.

Examinons rapidement la production en poids, en comparant les deux périodes successives de dix ans qui séparent la création des usines du moment actuel.

Nous avons vu, en 1847, deux hauts-fourneaux à Saint-Paul et un à Saint-Benoît. Au bout de dix ans, en 1857, il y en avait six ; sur ces six hauts-fourneaux trois marchaient au charbon de bois.

L'extraction du minerai était alors d'environ 40000 tonnes.

La production de fonte correspondait à une production de fer de 9 à 10000 tonnes par an.

Dans les dernières années qui ont précédé 1867, l'extraction du minerai a été jusqu'à 120000 tonnes, c'est-à-dire qu'en moins de dix ans la production a triplé ; mais en s'attachant à ce chiffre seul, on n'aurait pas la mesure réelle du progrès.

Pour ne pas parler que de la fonte, si nous voyons en 1867

quatre hauts-fourneaux seulement à feu, c'est que seuls ils alimentent une production triple de celle de 1857, c'est-à-dire que si on fût resté stationnaire depuis cette époque, au lieu de quatre hauts-fourneaux, il en aurait fallu dix-huit pour suivre la progression. La production moyenne d'un haut-fourneau a donc augmenté dans le rapport de 4 à 18.

Les forges de Saint-Paul et de Saint-Benoît sont actuellement pourvues de huit hauts-fourneaux dont quatre seulement sont à feu.

Quant aux fours à puddler, nous en trouvons en 1857 seize ; la forge s'est accrue tantôt dans un sens, tantôt dans un autre, jusqu'à ce que toute la place utilisable dans la halle primitive agrandie eût été employée.

Les personnes techniques qui ont vu d'anciennes forges ne peuvent oublier le triste spectacle d'un mélange plus ou moins confus de fours à puddler ou à réchauffer, placés sous la même halle. On peut affirmer qu'en général dans ces réunions le puddlage est sacrifié ; toutes les faveurs, tous les honneurs sont pour le produit final, le fer qui sort des cylindres finisseurs pour aller au magasin. Le fer brut semble un accessoire, ce qu'on appelle un intermédiaire ; mais le fer brut négligé sait faire payer le dédain qu'on lui témoigne quand on lui retire les égards qui lui sont dus, car s'il consent à prendre la forme nécessaire à la vente, il ne se dépouille pas des imperfections de qualité.

Un progrès considérable fut atteint à Ars lorsque le parti radical fut pris de transporter le puddlage dans une usine spéciale : c'est le grand atelier que l'on aperçoit entre la route et le chemin de fer.

Qu'il nous suffise de dire, pour ne pas fatiguer le lecteur de détails superflus, qu'avec un nombre double de fours à puddler, suivis à part d'après le principe si vrai de la division du travail, on est parvenu à tripler la production tout en obtenant une amélioration de qualité qui a dépassé toute prévision.

Cette amélioration était nécessaire pour pouvoir aborder couramment la fabrication des fers spéciaux ou fers de construction.

Nous allons maintenant passer en revue les principaux de ces fers exposés par MM. Dupont et Dreyfus.

Citons en première ligne les fers ayant la forme de double T. La théorie de la résistance des matériaux indique que cette forme réalise une grande économie de matière en donnant un maximum de résistance pour un minimum de poids ; on distingue dans ces fers la lame et les ailes. En faisant varier la hauteur de la lame et la largeur des ailes, on obtient des sections qui correspondent aux variations de résistance à obtenir; d'ailleurs chaque section une fois déterminée peut varier elle-même entre des épaisseurs minima et maxima suivant leur destination. Dans ce groupe de fers se trouvent les fers à planchers qui ont remplacé le bois dans les constructions de Paris et dont l'emploi se généralise également en province, car leur nature incombustible garantit contre les chances d'incendie.

Les fers à double T, à nervures égales, sont les plus légers et suffisent dans les constructions ordinaires.

Les fers à double T, à nervures inégales, présentent plus de raideur pour résister aux efforts combinés de la traction et de la compression, ils sont d'une exécution plus difficile à cause de la répartition inégale de la matière.

Les fers à double T à larges ailes sont encore plus résistants. Quand la hauteur d'une poutre est déterminée sans qu'on puisse la changer, l'élargissement de l'aile donne le moyen d'augmenter la résistance; ces fers offrent d'ailleurs une surface d'appui considérable, ce qui est avantageux dans beaucoup d'applications; aussi voyons-nous une série de fers à double T à très-larges ailes. À mesure que l'aile grandit, la fabrication de ces fers devient de plus en plus difficile, d'autant plus qu'on les demande en barres longues parce qu'ils servent aux constructeurs pour augmenter les portées dans les édifices et supprimer les points d'appui multiples qui nuisent souvent aux facilités de circulation et souvent au bon goût des aménagements intérieurs.

Dans certains planchers spéciaux on emploie des fers à triple T; la nervure intermédiaire sert de support à un bardeau en fer qui soutient une aire en plâtre pour l'étage supérieur, et il reste entre les deux nervures inférieures un espace vide qui constitue un plancher très-sourd.

Si nous passons des constructions de maisons et de grands édifices tels que les grands hôtels de Paris, les gares des chemins de fer, les halles centrales, les combles du Louvre, etc., qui ont employé une si grande quantité de fers à double T, si nous passons, disons-nous, aux travaux purement métalliques, tels que les tabliers des ponts, il faut recourir à des poutres composées, dont les éléments sont rivés ensemble. Il était d'un grand intérêt de pouvoir livrer ces éléments si nécessaires à la construction des chemins de fer qui ont adopté presque partout les ponts en fer. Si l'on suppose une lame verticale et deux lames horizontales en fer réunies par quatre fers d'angle ou fers à cornières, on concevra qu'il est aisé en faisant varier les dimensions de ces lames de composer des fers à double T de hauteurs et d'ailes variables ; de là vient l'emploi considérable de ces larges fers plats dont nous allons dire un mot.

Il est rare que dans les laminoirs ordinaires on lamine les fers plats au delà d'une largeur de 200 millimètres. Les forges de Saint-Paul sont organisées pour livrer aux grands ateliers de construction des larges plats jusqu'à 700 millimètres de large, limite supérieure de leur emploi jusqu'à ce jour, et cela avec des variations d'épaisseurs de 5 à 100 millimètres ; l'échelle des largeurs pouvant d'ailleurs se régler de millimètre en millimètre. Ces fers sont l'objet, à Ars, d'une fabrication très-importante ; c'est à l'occasion de grandes fournitures pour les ponts des chemins de fer Russes que les machines spéciales à cette production commencèrent à travailler vers 1859.

Nous venons de parler des fers d'angle ou plus simplement cornières. Il est difficile d'assembler des fers sans recourir aux cornières, aussi les fabrique-t-on en grandes quantités ; nous avons compté qu'elles occupaient huit planches de l'album des forges de Saint-Paul, qui ont en tout quarante-huit planches. Cet album est très-recherché des constructeurs, car ils y trouvent toutes les ressources des profils déjà créés, avec toutes leurs combinaisons multiples, et ce qui leur est surtout fort utile, des tableaux des charges que les fers peuvent supporter avec sécurité suivant les portées habituelles de leur emploi. Nous plaçons ici cette considération qui eût été plus opportune au moment où nous parlions des fers à double T, mais nous en trouvons l'occasion et nous n'y reviendrons pas.

Les cornières ont des branches égales ou inégales. Nous pouvons citer entre autres emplois de ces fers, qu'il serait trop long d'énumérer, l'application à la construction des membrures des vaisseaux en fer. Ce sont les forges de Saint-Paul qui ont livré la membrure de la frégate cuirassée française l'*Héroïne* et de la frégate cuirassée espagnole *Numancia*.

La fabrication des cornières pour la marine ne peut être abordée par toutes les usines, il faut un fer très-nerveux et très-malléable, car il doit subir des épreuves fort pénibles avant d'être admis par les ingénieurs.

Après les cornières nous placerons les fers à simple T et les fers analogues qu'on appelle *moulures* et *vitrages* qui servent, par exemple, à faire les serres, les devantures de magasins, les châssis, etc. ; parmi les fers à T simple, remarquons le fer faîtière qui a servi à la construction du grand phare français de l'Exposition universelle.

Les fers à double T, qui rendent de si grands services et dont la forme est théorique, ne se prêtent pas très-bien à certains assemblages ; on était souvent conduit à enlever, dans ce but, une partie des ailes pour les relier entre eux. De là est venue l'idée de laminer des fers en U ; c'est un double T, si l'on veut, dont on enlève les ailes d'un côté. Ces fers sont très-commodes à réunir entre eux ; ils s'emploient notamment dans la construction des wagons, et ils y remplacent le bois.

Il est prouvé que les applications du fer se répandent tous les jours davantage ; ainsi, on fait maintenant des persiennes en fer. C'est à la forge de Saint-Paul que l'inventeur a fait faire ses premiers fers ; il doutait, lui-même, de la possibilité de leur production. Ces fers sont très-légers, et il le fallait bien pour l'emploi qu'on avait en vue.

Nous avons voulu indiquer les séries principales des fers de construction, car il serait peu intéressant d'énumérer, sans dessin, une foule de profils dont le public ne pourrait comprendre l'emploi qu'avec des explications techniques qui n'entrent pas dans cette note. N'oublions pas, cependant, de signaler les fers à boudin et à patin employés dans les constructions navales, et qui ornent l'élégant portique placé à l'entrée de l'exposition de MM. Dupont et Dreyfus.

Les forges de Saint-Paul ont obtenu à l'Exposition universelle une place d'honneur dans la grande nef et à l'entrée principale : c'était justice ; la place est bien remplie et la Moselle y est honorablement représentée. Nous avons sous les yeux la démonstration bien nette des immenses progrès réalisés par les forges de Saint-Paul depuis dix ans. Il a fallu perfectionner la qualité des fontes, l'affinage au four à puddler, le laminage successif avec ses études raisonnées de pressions à répartir ; il a fallu aider les hommes par des moyens mécaniques pour proportionner leurs efforts à l'augmentation de puissance des moteurs et des engins de toute espèce ; il a fallu surtout une forte organisation permettant de suivre l'ensemble et les détails d'une affaire aussi multiple dont la prospérité tient cependant à l'unité de direction.

On peut dire que rien n'a été négligé de ce que les industriels pouvaient faire par eux-mêmes. Cependant la situation métallurgique n'est pas brillante, le développement semble s'arrêter partout ; et quoique l'importance des gisements du minerai qui fait la richesse du pays ne soit pas encore diminuée, on ne peut se dissimuler que l'impulsion des dernières années s'arrête; c'est que l'industrie de la Moselle est encore tributaire des combustibles étrangers; c'est qu'aussi le monopole des chemins de fer dresse son *veto* devant les promesses, pourtant solennelles, de réduction de transport. Espérons que les recherches heureuses de houille dans la Moselle modifieront bientôt le premier obstacle; espérons aussi que le second tombera quand la canalisation de la Moselle aura mis un frein nécessaire aux tarifs excessifs, toujours les mêmes, sans la moindre réduction, depuis la création du chemin de fer.

Ars, le 24 juillet 1867.			H. Rémaury.

Matières premières du traitement métallurgique des usines d'Ars (forges Saint-Paul et Saint-Benoît).

Les usines d'Ars doivent leur existence à la couche de minerai qui s'y trouve et qui est un hydroxyde oolithique.

M. Trautmann, ingénieur des mines, a dressé, en 1859, une carte minière et métallurgique du département de la Moselle. Cette carte, très-instructive, donne l'état résumé des consommations et produits des mines et usines du département à cette époque, et fait ressortir un total annuel de 1032014 tonnes susceptibles d'être transportées sur les chemins de fer et canaux créés ou projetés.

Il serait intéressant de refaire le même état comparatif en 1867; mais nous n'en avons pas les éléments.

En ce qui concerne les matières premières extraites ou importées à Ars, nous pouvons donner les chiffres suivants.

Commençons par le minerai.

MINERAI D'ARS.

Dans notre département, le gisement de minerai se trouve, sauf quelques points isolés, sur la rive gauche de la Moselle. La couche se tient à un niveau géologique un peu plus élevé que celui des ovoïdes du lias, et les affleurements se reconnaissent aisément dans la vallée principale tout en suivant les dentelures des vallées secondaires.

Le minerai est divisé en plusieurs concessions. En entrant dans le département au sud, nous trouvons, sur la rive droite de la Moselle, la concession d'Arry, constituée par un noyau isolé ; plus loin, sur la rive gauche, la concession de Novéant qui n'a pu être exploitée, et à Ars quatre concessions :

1° La concession de Gorgimont, exploitée autrefois par MM. de Wendel et Cie, et aujourd'hui abandonnée ;

2° La concession de Mance, exploitée par MM. Karcher et Westermann ;

3° La concession de la Charbonnière, attribuée à l'usine Saint-Benoît ;

4° La concession des Varaines, attribuée à l'usine Saint-Paul.

Ces deux concessions sont maintenant exploitées ensemble ; et ce que nous allons dire se rapporte au minerai extrait de ces deux concessions.

Le gîte de minerai oolithique présente des grandes variations, non-seulement comme épaisseur, mais encore comme composition et même comme couleur.

La couche d'Ars a environ 2 mètres d'épaisseur ; c'est une très-bonne hauteur pour l'exploitation, mais en revanche le toit (ou plafond) est mauvais, fendillé et demande une attention continuelle de la part du mineur qui travaille à l'abattage ; il ne doit avancer qu'en soutenant le toit marneux par de forts étais en bois.

L'exploitation se fait par la méthode connue sous le nom de *piliers et galeries.* Il faut d'abord tracer les galeries jusqu'à la limite de la partie qu'on veut prendre. Les unes sont des galeries principales, indispensables pour le roulage et l'aérage ; elles doivent durer autant que l'exploitation totale, aussi sont-elles voûtées ; les autres ont une existence limitée, on les boise avec des cadres solides.

Quand on a ainsi fait le traçage d'un champ d'exploitation, et qu'on l'a découpé en massifs rectangulaires ou piliers qui ont généralement 40 mètres sur 20 mètres, on procède au dépilage, autrement dit à l'enlèvement du minerai compris dans le périmètre du pilier attaqué.

Les galeries sont toutes munies de chemins de fer pour le roulage des wagons, chaque wagon doit contenir 1000 kilogrammes de minerai ; en ajoutant 300 kilogrammes pour le poids du wagon, cela fait un poids assez lourd à manœuvrer ; aussi établit-on, près des quartiers en travail, une galerie mère à voies soignées, où la traction s'opérant par chevaux, les hommes n'ont qu'un faible parcours à faire directement pour déposer leurs wagons pleins et reprendre des wagons vides dans des gares convenablement disposées pour la formation des trains.

Les grandes voies de roulage servent encore à assurer l'aérage ; grâce au tirage donné par un puits de 50 mètres de hauteur, l'air frais est distribué à tous les fronts de taille ; l'air vicié par la respiration ou la fumée des lampes sort par des galeries spéciales où l'on ne circule pas.

Toutes les galeries de roulage aboutissent à la grande galerie dite de Saint-Paul, d'où sortent par jour de travail 250 à 300 tonnes de minerai ; mais on pourrait en extraire le double.

Le niveau de cette galerie est à 50 mètres au-dessus de l'usine Saint-Paul ; c'est la hauteur de la plus grande cheminée de l'usine.

Pour descendre les wagons on se sert de deux plans inclinés automoteurs, dont l'un communique avec le niveau des gueulards des hauts-fourneaux de Saint-Paul, et dont l'autre amène les wagons au niveau des voies de l'usine pour l'alimentation des fourneaux de Saint-Benoît, cette usine étant reliée à Saint-Paul par un chemin de fer.

Un plan automoteur est composé de deux chemins de fer en relation avec des poulies, où des câbles en fer s'enroulent et se déroulent tantôt d'un côté, tantôt de l'autre, ce qui donne le mouvement ascendant et descendant. Les poulies sont munies de frein pour arrêter le mouvement à volonté. La force motrice n'est autre que le poids des matières à descendre ; c'est ce poids en mouvement qui déroule le câble pendant que l'autre s'enroule et remonte les wagons vides.

L'inclinaison des plans automoteurs d'Ars varie de 20 à 30 cenmètres par mètre.

On peut admettre une extraction moyenne annuelle de 100 000 tonnes de minerai des deux concessions de la Charbonnière et des Varaines.

Le minerai d'Ars offre un grand nombre de variétés physiques et chimiques, déjà accusées aux yeux par toutes sortes de couleurs ; on y voit le jaune, le rouge, le brun, le bleu, le vert, on pourrait dire toutes les couleurs de l'arc-en-ciel ; ces couleurs ne se distinguent qu'en prenant les morceaux à la main ; car, en tas, la masse de minerai paraît rouge brique.

La composition de ces minerais a été déterminée à différentes reprises.

Déjà, en 1849, M. Langlois, pharmacien principal à l'Hôpital militaire de Metz, avait analysé les deux termes extrêmes des différents types de minerais que j'appellerai *minerai siliceux* et *minerai calcaire*.

Voici le résultat de ces deux analyses :

	MINERAI SILICEUX. (Rouge.)	MINERAI CALCAIRE. (Jaune.)
Peroxyde de fer....................	55	50
Eau...............................	14	13
Silice.............................	20	4
Alumine..........................	8	3
Carbonate de chaux...............	3	29
— de magnésie............	Trace	1
TOTAL.............	100	100

Il est clair qu'à cette époque on n'avait encore que du minerai des affleurements ; ce minerai est modifié soit par les agents atmosphériques, soit par les eaux d'infiltration qui le traversent. A mesure qu'on avance sous les plateaux le minerai devient plus brun.

Il était important de reprendre ces analyses quand les travaux de mines seraient plus avancés. En 1857, trois échantillons bien caractérisés furent analysés au laboratoire de l'École impériale des mines et donnèrent les résultats suivants :

	SILICEUX. (Minerai rouge.)	ARGILEUX. (Minerai brun.)	CALCAIRE. (Minerai jaune.)
Peroxyde de fer.....	52,90	45,85	49,55
Perte par calcination (HO + CO²)	17,00	14,00	23,00
Argile et sable.......	18,00	24,50	4,00
Alumine.............	8,20	11,70	5,75
Chaux.............	2,00	2,50	15,00
	98,10	98,55	97,30

La richesse générale du minerai avait baissé, et le minerai

argileux, surtout, contribuait à affaiblir la teneur primitive
de.. 52,50
ramenée à.................................... 49,40 °/₀
en supposant dans le mélange chaque minerai en proportion
égale.

Ce résultat appela l'attention sur la nécessité de trier le minerai qui paraîtrait trop stérile, et de nouvelles analyses dé-
montrèrent l'utilité de ce travail ; car on remonta à une teneur
de :

Peroxyde de fer............   56 pour le minerai rouge.
                               48   —   brun.
                               50   —   jaune.

Soit en moyenne...........   51,13

ce qui correspond à une teneur en fer de 35,79 ; c'est-à-dire que
le traitement de 100000 tonnes de minerai devrait donner un
produit théorique de 35000 tonnes de fer, s'il n'y avait pas de
pertes dans les *laitiers* et les *scories*.

Autour des échantillons principaux qui dominent dans la
couche, se groupent une foule d'intermédiaires dont la proportion ne saurait être indifférente pour le traitement dans le haut-
fourneau. Cette proportion est l'objet d'expériences suivies, et,
pour n'avoir pas à faire de mélanges qui seraient onéreux et
même difficiles à réaliser, l'exploitation des mines est divisée
en trois grands centres d'extraction. On admet que dans chaque
centre existe un échantillon moyen dont on détermine de temps
en temps la composition, et qui, alors, est introduit sur les aires
de cassage conformément à la proportion convenable pour le
mélange.

CASTINE.

La *castine* est du carbonate de chaux que l'on mélange au minerai pour arriver à fondre les gangues.

Introduite dans le fourneau, elle se transforme rapidement en
chaux, puis en silicate double de chaux et d'alumine, silicate fu-
sible à haute température, c'est le *laitier* ou crasse des hauts-
fourneaux ; il sert à l'empierrement des routes, et à un certain
état il pourrait être employé dans l'agriculture.

La castine n'est pas rare à Ars et aux environs ; toutes les
côtes sont couronnées par des assises calcaires qui donnent
même en certains points des aspects très-pittoresques.

La meilleure castine est le calcaire cristallisé. En voici l'analyse :

Résidu insoluble.................	1,00
Chaux...........................	55,50
Perte au feu....................	43,50
	100,00

Pour fondre 100 000 tonnes de minerai d'Ars, il faut leur adjoindre 20 000 tonnes de castine.

Longtemps les usines d'Ars se sont approvisionnées de castine à Ancy ; mais, au renouvellement d'un bail, la commune a montré de telles exigences pour le droit de carrière qu'on a dû y renoncer.

Maintenant la castine est tirée de la côte au-dessus de l'usine Saint-Paul ; un plan incliné spécial descend aux usines, non-seulement la castine pour les fourneaux, mais encore les moellons pour les constructions.

SABLES. — CAILLOUX.

Il y a peu de matières indifférentes à la grande industrie.

Du haut des côtes où nous avons laissé, à la surface, les carriers, et, souterrainement, les mineurs, descendons vers le fond de la vallée ; nous traversons la partie plus ou moins déclive des vignes que nous saluons très-respectueusement comme fournissant aussi leur contingent de matière première aux travailleurs, et nous arrivons sur les bords de la Moselle : ce sont de vertes prairies dont le sol est formé d'une terre sableuse très-convenable pour le bouchage des fourneaux et pour le moulage.

Sous la terre végétale qui est mise de côté pour rétablir plus tard le terrain cultivable, on enlève les sables gras et demi-gras, puis le sable maigre ou sable à bâtir que la Moselle y déposa jadis dans sa course vagabonde.

Il n'est pas jusqu'au lit actuel de la rivière qui ne contienne une pierre précieuse : c'est le caillou blanc ou quartz, substance éminemment réfractaire qui, ramassée par des femmes et des enfants, est vendue aux usines pour en faire des briques réfractaires destinées à l'entretien des fours.

AIR ET EAU.

Avant de passer aux matières importées, mentionnons deux matières premières indispensables, consommées en immense quantités dans le traitement métallurgique : l'*air*, qui brûle le combustible ; l'*eau,* qui, transformée en vapeur, donne le mouvement aux machines.

COMBUSTIBLES.

Nous avons dit que les forges de Saint-Paul et de Saint-Benoit avaient cessé de fabriquer des fontes au charbon de bois. Les trois fourneaux qui les produisaient ont été modifiés ou éteints. Toute la production actuelle est faite au combustible minéral pour lequel les forges d'Ars sont tributaires de l'étranger.

L'importance de la consommation annuelle est de :

55 à 60000 tonnes houille.;
45 à 50000 tonnes coke.

1° Houille. — Toute la houille consommée à Ars provient du bassin houiller de Sarrebruck, dans la proportion de :

2/3 houille flambante ;
1/3 houille grasse.

Le bergamt, ou administration supérieure des houillères royales, a une manière spéciale de comprendre les affaires : il fait signer aux industriels une lettre de commande où il faut indiquer à l'avance les besoins probables de combustibles pour tous les mois de l'année ; l'industriel s'engage à recevoir les quantités indiquées, mais le bergamt ne s'engage nullement à les fournir.

Il est juste de reconnaître qu'il fait son possible pour livrer exactement, et s'il ne surgissait de temps en temps, entre les administrations des houillères, du chemin de fer prussien et du chemin de fer de l'Est, certaines difficultés au milieu desquelles les industriels ont été privés plusieurs fois de combustibles (les petits ont toujours payé les querelles des grands), on ne pourrait pas trop se plaindre.

Il y a lieu cependant de réclamer contre l'énorme quantité de schistes que le bergamt vend comme bonne houille et qu'il devrait faire trier avec plus de conscience, oubliant la réponse qui fut faite un jour par un directeur des houillères à un industriel d'Ars. Ce dernier lui montrait un tas de 600 mètres cubes de schistes pesant environ 1 000 tonnes et qui avait été bel et bien payé 18 500 francs. A la vue de ce beau tas de schistes stériles, qu'on avait dû démêler et que l'on devait de plus transporter à grands frais pour s'en débarrasser, le directeur des houillères sourit et se contenta de dire : « Mais, Monsieur, les » bouchers vous vendent-ils de la viande sans os ? »

L'argument était sans réplique ; il fallait vivre et se taire.

Le prix d'achat de la houille tout ve-
nant varie de........................ 10ᶠ »ᶜ à 12ᶠ »ᶜ la tonne

Le transport moyen des houillères à la
frontière française.................... 1 40   1 40

Le droit d'entrée en France......... 1 20   1 20

Le transport de Forbach à Ars....... 4 90   4 90
                                          17 50   19 50

Soit en moyenne 18 fr. 50 c.

60000 tonnes à 18 fr. 50 c. représentent une valeur de 1 110 000 fr.

2° Coke. — Le coke est acheté en partie au bergamt, en partie à des fabricants prussiens ou belges.

Le coke a une importance capitale à cause de son rôle dans la production de la fonte; on n'est jamais sûr de ses produits en fontes ou fers, si on ne peut répondre de la bonne qualité du coke.

La teneur en cendres est un élément essentiel. Longtemps on a pu imposer aux fabricants des conditions d'incinération pour déterminer, d'une manière contradictoire, cette teneur qui ne devrait jamais dépasser 10 p. %.

Les hausses successives de combustibles ont fait disparaître ces conditions si justes, et on s'est trouvé à la merci de fournisseurs qui, au moment où ils gagnaient le plus, ne craignaient pas de doubler les quantités de cendres en supprimant, en totalité ou en partie, le lavage des houilles.

La nécessité était bien démontrée de s'affranchir de ce joug non-seulement onéreux, mais encore capable de troubler à chaque instant, par de mauvaises fournitures, les rapports des forges avec la clientèle difficile qui consomme les fers marchands et spéciaux.

Aussi MM. Dupont et Dreyfus ont-ils acheté à Sulzbach des terrains pour construire des fours à coke et de plus une usine à coke, à moitié créée, à Saint-Jean, près Sarrebruck. Cette usine est près du canal et du chemin de fer, elle comprend huit grands fours Appolt, dont cinq sont achevés et en marche, et trois en construction.

Le prix du coke prussien peut s'évaluer à une moyenne de 29 fr. 50 c. la tonne, rendu à Ars; 25 000 tonnes représentent une valeur de............................... 737 500 f. »c.

Le prix du coke belge revient à 33 francs la tonne, rendu à Ars; 25 000 tonnes représentent une valeur de............................... 825 000   »

En rapprochant de ces deux chiffres celui de la houille, trouvé plus haut................... 1 110 000   »

nous arrivons au total de..................... 2 672 500   »

Notons, en passant, que, sur cette somme, il est payé : 1° pour droits de douane, à l'État :

130 000 francs dont il serait temps de dégrever l'industrie française en lutte avec l'industrie étrangère;

    2° Pour transports par chemins de fer, la somme exorbitante de :

860 500 francs.

BOIS.

Pour soutenir le toit des mines, qui prend charge très-vite si on ne le maintient solidement, on emploie des étançons en chêne (30 à 40 000 par an) et de fortes dosses de chêne entre-croisées.

En mettant un excès de supports dans les dépilages, on peut en retirer un grand nombre quand la chambre de minerai est vidée, et ce qui est surtout important, on préserve le mineur du danger; ce n'est d'ailleurs pas sans peine qu'on habitue l'ouvrier à cette prudence, qu'il juge exagérée et inutile.

Une partie des bois retirés des dépilages sert à faire des traverses pour les chemins de fer des mines ou des usines; le reste est débité pour d'autres usages.

Nous ne donnons pas la valeur des bois de mine et dosses, parce qu'elle figure dans la valeur du minerai extrait.

Indépendamment des bois de mine, les usines consomment une quantité considérable de bois de service : chêne, hêtre, noyer, charme, frêne, orme, peuplier, pour les constructions, le modelage, le charronnage, les machines, les wagons, etc.

Toutes ces essences sont achetées dans le département et figurent pour la somme de...................... 40 000 f. » c. (dernier exercice).

Ajoutons le sapin, qui est importé des Vosges, et dont la consommation, pour le même exercice, où l'on a peu construit, a été de................ 20 000 »

Total..................... 60 000 »

FONTES ANGLAISES. — FONTES AU BOIS.

Les fontes anglaises, très-grises, sont employées en mélange avec d'autres fontes, telles que les fontes au bois pour les moulages produits en seconde fusion; les premières donnent de la douceur et les secondes de la résistance.

Les fontes au bois, truitées ou blanches, servent à la fabrication du fer supérieur.

L'ensemble de ces fontes, consommées, atteint
la valeur de.................................... 400 000 f. » c.

FERRAILLE.

La ferraille elle-même, dont le nom sonne si mal, est un élément de production d'excellent fer; le chiffre de la consommation
s'élève à.................................... 50 000 f. » c.

SABLES ET TERRES RÉFRACTAIRES. — CAILLOUX.

Les cailloux blancs pulvérisés, sont mélangés avec de la terre
réfractaire qui sert de liant pour obtenir des briques, dont la
consommation annuelle est de 600 000, pour une
valeur de.................................... 45 000 f. » c.
Les grosses briques réfractaires sont achetées
au dehors pour la somme de. .... 20 000   »
Les sables réfractaires, pour les soles des fours
à réchauffer et les terres à coulis, figurent pour
une valeur de................................. 20 000   »

Total.................. 85 000   »

FOURRAGES.

Les usines emploient des chevaux pour la traction soit des
wagons, soit des tombereaux. La consommation en fourrages
(foin, paille, avoine) est de.................... 60 000 f. » c.

MINERAI D'AUMETZ.

Ce minerai était autrefois traité dans les fourneaux au bois,
maintenant il sert à obtenir des fontes spéciales au coke. La
consommation de l'exercice dernier, qui a dépassé le contingent
habituel, à cause d'une réserve antérieure, a été de 2 450 tonnes
pour....................................... 40 000 f. » c.

MATÉRIAUX DE CONSTRUCTION.

Nous ne parlons que pour mémoire de ces matériaux : *moellons* et *pavés, pierres de taille, sable, chaux, ciment, tuiles,
briques,......* etc:, dont l'emploi annuel est trop variable pour
pouvoir être apprécié par un chiffre.

MATIÈRES DIVERSES.

Nous groupons sous ce titre un ensemble de matières que
nous rangeons par ordre alphabétique, en soulignant les plus
importantes.
Aciers. — Balais, *Bronzes,* Brosses, Burettes. — *Caoutchouc,*

Chaînes, Chanvres, Chiffons, Clous, *Cordes*, Creusets, *Cuirs*, *Cuivre*. — Déchets de coton. — *Étain*. — Fer-blanc, Fil de fer. — *Graisses*. — *Huiles*. — Lampes, Lanternes, *Limes*. — Minium. — Pelles, Plomb, Pointes. — Résine, *Rivets*. — Seaux, *Suifs*. — Tamis, *Tôles*. — *Verre*, Vis. — *Zinc*.

L'ensemble correspond à une dépense de...... 270 000 f. » c.

RÉSUMÉ.

En récapitulant les éléments donnés ci-dessus on arrive au chiffre de **4 000 000** *de francs;* chiffre qui précise l'importance de la consommation des matières premières dans le roulement des forges de Saint-Paul et de Saint-Benoît.

24 août 1867.   H. Rémaury.

MM. Karcher et Westermann, à Ars-sur-Moselle. — En 1839, cette grande usine n'était qu'une pointerie. Ses propriétaires y ajoutèrent successivement une chaînerie et une tréfilerie en 1840; une casserie en 1848; une forge en 1851; un premier haut-fourneau en 1855, et un second en 1860.

Le matériel se compose donc actuellement : 1° de deux hauts-fourneaux au coke, avec cubillots pour le moulage en deuxième fusion ; — 2° d'une forge anglaise de quatorze fours à puddler, dont douze sont à feu, avec cinq fours à réchauffer, deux fours à tôle, un four à réchauffer la tôle, trois trains de laminoirs, trois marteaux-pilons et deux cisailles à vapeur ; — 3° d'une tréfilerie de quarante-six bobines ; — 4° de fours à cuivre ; — 5° d'une pointerie ayant quatre-vingt-deux métiers ; — 6° d'une chaînerie de onze feux et vingt-deux bigornes ; — 7° d'une casserie, ou fabrique d'ustensiles de ménage en fer battu étamé, renfermant treize tours, sept creusets à étamer, un atelier de vernissage et une presse lithographique pour impression d'ornements ; — 8° d'une fabrique d'étrilles ; — 9° d'ateliers accessoires pour la construction et la réparation de machines, fabrication des briques réfractaires, usine à gaz, etc.

Vingt machines à vapeur et vingt-huit chaudières composent la force motrice. Les vingt machines se subdivisent comme il suit : quinze machines motrices de 612 chevaux-vapeur, trois marteaux-pilons et deux cisailles à vapeur. Les . vingt-huit chaudières représentent 1 000 chevaux-vapeur. Il y a, en outre, quatre roues hydrauliques, d'une force totale de 50 chevaux, mettant en mouvement la scierie, la casserie, la pointerie et le moulin à briques réfractaires.

Deux chemins de fer américains partent de l'usine : — l'un amène les minerais des minières situées dans la vallée de Mance ; — et l'autre va rejoindre la ligne de l'Est à la station d'Ars, d'où il amène les houilles, etc., et où il transporte les produits fabriqués qui sont expédiés dans toutes les parties du monde. Le premier de ces chemins a été établi en 1857, l'autre compte seulement quatre ou cinq ans d'existence.

Quatre-vingt-quinze centièmes des minerais employés à l'usine viennent de la concession de Mance ; les cinq autres centièmes, reçus d'Allemagne, servent à la fabrication des fers fins.

La production annuelle de l'usine est de 8 à 10 000 tonnes, ayant une valeur de 3 500 000 francs.

Un millier d'ouvriers travaillent aux ateliers et aux minières ; le prix des journées varie de 2 à 7 francs ; trente femmes sont employées au décapage de la casserie, dans les magasins et aux emballages.

Une société de secours pour les ouvriers a été fondée en 1854. Sa caisse est alimentée au moyen d'une retenue mensuelle de 1 franc sur le salaire d'un homme, et de 50 centimes sur celui d'une femme ou d'un enfant.

MM. Karcher et Westermann qui n'avaient pas exposé à Metz en 1861, ont obtenu des médailles aux concours universels antérieurs de New-York, de Londres et de Paris.

Cette année, leur exposition (n° 317, classe 40) offre de nombreux spécimens de leur importante fabrication ; elle a été jugée digne d'une médaille d'or.

Cette dernière exposition est collective avec celle de l'usine de Champigneulles (Meurthe), qui appartient aussi à MM. Karcher et Westermann ; mais il est facile de faire la part des deux usines, Champigneulles ne produisant que des fontes brutes ou moulées. — Comme échantillons de matières premières, on remarque, à l'exposition d'Ars, un bloc de minerai d'un seul morceau, ayant 2^{m},50 de hauteur sur environ 0^{m},50 d'équarrissage; il provient de la minière de Mance.

Les forges de Mouterhausen, dirigées par M. A. de Joannis, font partie, depuis 1842, de l'important groupe d'usines de la *Maison de Dietrich et Cie,* de Niederbronn.

Elles ont une origine fort ancienne. Pour favoriser l'industrie de la production du fer dans notre pays, le roi Stanislas leur avait accordé des droits d'usage dans les forêts.

Lorsque la maison de Dietrich est devenue propriétaire de Mouterhausen, il n'y avait qu'un moteur hydraulique de la force de 40 chevaux-vapeur; cette force peut être évaluée aujourd'hui à 1000 chevaux, produits par de nombreuses machines à vapeur.

Des fabrications nouvelles et spéciales ont été installées dans l'usine, d'où sortent maintenant des bandages de roues sans soudure pour wagons et locomotives, des essieux de chemins de fer, etc. Très-largement montée, la fusion de l'acier par les procédés Bessemer[1] est encore venue donner plus d'importance à Mouterhausen et a procuré au pays une nouvelle source de bien-être. On peut dire actuellement que cette usine est classée parmi les grands établissements métallurgiques pour la fabrication des aciers et des fers fins; et, grâce à l'intelligence de sa direction, elle n'a plus à souhaiter, vis-à-

---

[1] Le procédé Bessemer s'emploie pour la production de l'acier fondu avec la fonte sortant directement du haut-fourneau; il consiste à enlever, presque par un moyen mécanique, l'excès de carbone contenu dans la fonte, sans cependant tout prendre comme cela se fait pour le fer. Voici comment on opère. Dans une cornue dont le fond est percé de trous, on verse une quantité de fonte liquide; puis, au moyen d'une machine soufflante d'une grande puissance, on fait arriver de l'air, à une pression d'un à deux atmosphères, par les trous de la base de la cornue. L'air traverse la fonte et la maintient en suspension en brûlant l'excédant de carbone et en produisant une température fort élevée. On voit alors sortir de la cornue une gerbe d'étincelles; au bout de quinze à vingt minutes, la diminution de ladite gerbe indique que l'opération est terminée. On retire alors de la cornue, transformés en acier, les quatre cinquièmes de la fonte que l'on y avait mise. On coule cet acier en lingot, et l'on n'a plus qu'à le travailler au marteau pour en obtenir toutes sortes de produits.

vis de la concurrence, que l'achèvement des chemins de fer de Lille à Strasbourg.

C'est surtout dans les usines de Dietrich qu'il faut étudier les institutions destinées à assurer le bien-être des ouvriers ; elles ne font pas faute aux six cents travailleurs de Mouterhausen.

C'est ainsi qu'on s'est préoccupé, par tous les moyens possibles, de l'assainissement de l'étroite et humide vallée où est située l'usine. Une fois les irrigations établies et les marais comblés, les fièvres paludéennes ont presque complétement disparu, et le bien-être apporté par l'industrie aidant, cette pauvre population est revenue à la vie.

La caisse de secours date de 1856 ; elle vient en aide aux ouvriers malades ou blessés, elle leur procure gratuitement les soins du médecin, les médicaments et une demi-solde pendant la maladie. Une caisse de pension et de retraite, fondée aussi en 1856, assure des moyens d'existence à l'ouvrier infirme ou trop âgé.

Une cantine est établie près de l'usine ; mais le bail passé avec le cantinier lui interdit de délivrer à chaque ouvrier plus d'une quantité déterminée de boissons, et le maintien de ces stipulations est placé sous la surveillance du directeur.

Pour améliorer le sort des ouvriers dont les familles sont trop éloignées de Mouterhausen, la maison de Dietrich a fait construire dans ces dernières années, de grandes casernes pouvant contenir cent cinquante hommes, où, moyennant 50 centimes par jour, ces ouvriers sont logés par chambrée de vingt-cinq, couchés dans des lits en fer avec paillasses, matelas, draps et couvertures ; ils ont au pied de leur lit un coffre pour renfermer leurs effets et qui leur sert en même temps de siége. Il leur est en outre servi un ordinaire composé de trois soupes par jour. Celle de midi est accompagnée d'une portion de viande de 125 grammes.

On peut aussi se procurer, dans ces casernes, des pensions à 25 francs par mois, qui donnent droit à deux portions de viande par jour.

Logement gratuit est accordé aux ouvriers résidant à

Mouterhausen ; ils ont en outre une écurie pour une vache, un jardin et quelques pièces de terre.

Il y a trois écoles, dont une protestante. — Les deux instituteurs sont subventionnés par la maison qui leur accorde, outre le traitement communal, des indemnités pour l'éclairage et pour les cours d'adultes. Les salles d'école et les logements des instituteurs sont fournis gratuitement aussi à la commune.

Pendant l'hiver, M. de Joannis donne aux ouvriers des leçons de dessin et quelques notions de géométrie et d'arpentage.

Enfin, pendant les fortes chaleurs de l'été, l'eau est interdite comme boisson ; elle est remplacée par une boisson hygiénique composée de café et d'eau-de-vie, fournie à discrétion par l'usine, et qui a produit d'excellents résultats.

Dans l'exposition collective des usines de la maison de Dietrich et Cie (n° 151 de la classe), Mouterhausen occupe une belle place avec ses fers, provenant de fontes au bois, affinés soit au charbon de bois, soit à la houille ; ses aciers puddlés et ses aciers Bessemer ; ses tôles de fers affinés, ses tôles puddlées et ses tôles d'aciers. Sa fabrication spéciale d'essieux et roues pour chemins de fer est aussi représentée. Ces pièces nombreuses permettent de se rendre compte de la variété et de la bonté des produits.

MM. Gouvy frères et Cie, à Hombourg. — L'exposition de cette usine est divisée en deux parties. L'une (n° 142, classe 40), dans la galerie des matières premières, est voisine de MM. Karcher et Westermann ; elle présente des spécimens nombreux des divers emplois de l'acier : trépans, versoirs de charrues, pelles et autres instruments d'agriculture, feuilles de tôle d'acier, etc.

La seconde partie se trouve dans la grande galerie des machines, du côté du parc, à gauche de la porte de Paris. Elle porte le n° 83 de la classe 63. C'est assez dire qu'elle consiste en essieux et ressorts pour wagons, en tiges de pistons d'acier corroyé et en barres d'acier, non encore ouvré.

Dès le 13 mai 1758, un arrêté du Conseil de Lorraine établissait des forges à Hombourg.

La Société actuelle a commencé ses opérations en 1850, établissant cette usine comme succursale de celle de Goffontaine (Prusse), dont la fondation, due à H. Gouvy, remonte à 1752.

Cette aciérie tire de la Moselle et de l'Allemagne les fontes nécessaires à la fabrication des aciers puddlés et des aciers raffinés d'Allemagne.

Outre les machines à vapeur, un cours d'eau, représentant une force de près de 200 chevaux, fait mouvoir des marteaux et martinets dont un de 3500 kilogrammes, des machines soufflantes, des trains de laminoirs, des meules, des tours, des machines à percer et à raboter, etc. De nombreux feux sont allumés, en outre, pour l'affinerie, la raffinerie, les forges, les fours à puddler et à cémenter, etc.

La fabrication dépasse 1500000 kilogrammes d'acier en barres et d'objets fabriqués.

Les matières premières, consistant en houille, coke, charbon de bois, fontes de diverses provenances, tournures de fer et minerais, montent annuellement à 10000000 de kilogrammes. Elles sont mises en œuvre par deux cent trente-cinq ouvriers dont les plus habiles gagnent de 5 à 7 francs par jour.

Une caisse de secours a seulement été instituée l'année dernière. Antérieurement, l'usine servait aux ouvriers invalides une pension de 20 à 30 francs par mois, sans qu'il eût été fait aucune retenue sur leur salaire ; les soins du médecin étaient également gratuits.

Les aciéries de Hombourg, qui ont eu une médaille de première classe en 1855, ont obtenu cette année deux médailles d'argent.

On doit à *M. Labbé* la fondation des usines de *Gorcy* (1835) et des hauts-fourneaux de *Mont-Saint-Martin* (1864).

Ces établissements se composent de six hauts-fourneaux, d'une forge anglaise au bois, d'une fonderie, d'ateliers pour la construction des plaques tournantes et pour la fabrication du petit matériel des chemins de fer. Ils comprennent également une tréfilerie, une pointerie et une chaînerie.

Mille ouvriers sont réunis dans les deux usines ; leur gain varie de 2 à 5 francs par jour.

La valeur de la production annuelle monte à près de 4 000 000 de francs. Les fontes se placent dans les départements du Nord et des Ardennes ; Paris prend les pointes, les fils de fer et les chaînes ; les fers marchands et les carrés en fer fort vont au marché de Charleville ; et, enfin, les diverses compagnies de chemins de fer emploient le petit matériel des voies et les plaques tournantes.

Les matières premières employées (minerais, cokes, houilles et charbon de bois) proviennent du département, de la Belgique, de la Prusse et du grand-duché de Luxembourg.

M. Labbé avait obtenu une médaille d'argent à Metz en 1861. Une médaille de bronze lui a été décernée par le jury de cette année.

Son exposition (n° 186, classe 40) rassemble les produits de ses usines de tréfilerie, pointerie et chaînerie, des échantillons de fontes et de fer et quelques pièces du petit matériel des chemins de fer.

Dans la troisième salle de la classe 40 (vitrine 169), on remarque des échantillons de fontes de moulage et d'affinage provenant des *Usines du Prieuré*, fondées près de Longwy, en 1864, par *M. le baron O. d'Adelsward.*

Ces hauts-fourneaux ne produisent que des fontes de première fusion obtenues d'après les procédés anglais les plus perfectionnés ; — elles sont produites par des minettes oolithiques de Longwy, qui rendent environ 33 p. % de leur poids.

Les fontes du Prieuré sont demandées surtout dans les départements des Ardennes et du Nord ; les usines de l'Est et de l'Alsace en emploient aussi une certaine quantité. Elles soutiennent, sur le marché français, la concurrence des meilleures provenances étrangères.

Jusqu'à présent, les générateurs à vapeur et les appareils à air chaud étaient chauffés avec des cokes et des houilles belges. M. d'Adelsward se propose d'y substituer le chauffage au gaz, ce qui serait une innovation très-importante.

Le jury des récompenses a jugé les produits du Prieuré dignes d'une médaille de bronze.

Quatre-vingts ouvriers (les principaux gagnent de 3 à 4 francs par jour) sont employés dans cette fonderie. Ne sont pas compris dans ce nombre ceux qui travaillent à l'extraction du minerai.

Dans la belle exposition de *MM. Coulaux et Cie*, la Moselle ne peut revendiquer que les produits de *Bœrenthal*, consistant en aciers naturels obtenus avec des fontes de deuxième fusion.

Ces aciers, dont la qualité est égale à ceux des meilleures marques de l'Allemagne, ne sont représentés que par deux baguettes au milieu des sabres, des cuirasses et des canons de fusils à aiguille dont ils ont été la matière première.

Grâce à la part contributive prise par Bœrenthal dans la fourniture des aciers aux usines de cette importante maison, nous ne saurions rester indifférent aux distinctions qu'elle a obtenues. La Société Coulaux et Cie a reçu une médaille d'or, et la décoration de la Légion d'honneur a été accordée à M. J. Baur, directeur-gérant.

Ce n'est pas sans de longues recherches que nous avons trouvé l'exposition des usines d'Ottange, portée au livret avec le n° 157 de la classe 40. Leurs tuyaux de conduites, leurs moulages en fonte, leurs barres de fer et leurs fontes en gueuses, sont placés dans une des annexes du boulevard du Nord, à côté des cloches, mais sans aucune indication de nom ni de numéro.

Ces usines, dont la fondation est antérieure à 1757, appartiennent à M. le comte d'Hunolstein et sont exploitées par *MM. Jahiet-Gorand et Cie*, négociants à Paris.

La fabrique d'*Enclumes*, possédée et dirigée par *M. Adam*, au Fort-Moselle, a presque un siècle d'existence ; sa propriété était restée dans la famille Cornette jusqu'en 1865.

On y fait des enclumes estimées, parce qu'elles sont fabriquées à bras, avec des matériaux de premier choix. Leur couverture, au moyen d'un procédé spécial, est faite en acier fondu fin de provenance française, ce qui leur assure une plus-value constante.

Les enclumes et les soufflets Cornette sont expédiés dans tous les ateliers de l'Est et jusqu'à Paris. En dehors des formes spéciales à la maison, M. Adam fait exécuter des enclumes sur modèles dont le poids peut s'élever jusqu'à 400 kilogrammes.

Le salaire des quinze à dix-huit ouvriers de cette usine varie de 5 à 8 francs par jour.

La maison Cornette avait vu accorder à ses produits une mention honorable (exposition de 1855) ainsi que des médailles d'argent et de bronze (expositions de Metz et de Saint-Dizier). Bien qu'il exposât cette année, pour la première fois, M. Adam a reçu une médaille de bronze.

Son exposition (n° 195, troisième salle, classe 40) se compose de six pièces, parmi lesquelles une enclume pesant 353 kilogrammes et un *tas* de 81 kilogrammes.

Pour ne rien omettre, constatons la présence :

De *M. Goussel*, fondeur de métaux, qui a exposé quatre fort belles cloches sous le n° 339 de la classe 40,

Et de *M. François-Vaillant* ; l'un de ses fourneaux est dans l'annexe de la classe 24, et l'autre, comme nous l'avons dit, dans la première tente du ministère de la guerre.

Il nous est impossible de donner à leur sujet de plus amples renseignements, car nos demandes réitérées n'ont pas pu obtenir le moindre détail sur leur industrie.

COFFRES-FORTS.

En octobre 1846, *M. Pierre Haffner* débutait à Paris comme simple ouvrier en chambre. Il fit si bien qu'on vit successivement ouvrir sous son nom les magasins du passage Jouffroy et la fabrique de la rue Richer. De plus, il dotait, en 1852, son pays d'une nouvelle branche d'industrie par la fondation à Sarreguemines d'une usine modèle exclusivement consacrée à la fabrication des coffres-forts. Cette création était, du reste, une sage spéculation, car notre département réunissait les meilleures conditions pour un pareil essai, soit comme matières premières, soit comme éléments de travail. A cette époque, M. P. Haffner était associé avec son frère, et leur raison sociale était Haffner frères ; leur société a cessé d'exister depuis 1864.

L'extension de ses affaires a déterminé M. P. Haffner à créer des succursales dans les villages voisins de Sarreguemines. Ses deux cents ouvriers ont une société de secours mutuels depuis 1856, et ils gagnent en moyenne 2 à 3 francs par jour.

Les matières premières employées sont : environ 250000 kilogrammes de fers et tôles tirés du département de la Moselle ; du vieux cuivre que l'on refond à l'usine ; de l'acier ; du bois provenant de l'arrondissement de Sarreguemines ; et, enfin, environ 200000 kilogrammes de houille tirée des mines de la Prusse et de la Bavière rhénane.

M. Haffner exporte jusqu'en Amérique ses coffres-forts, ses caisses à bijoux et ses serrures de sûreté, qui obtenaient, en 1853, une médaille de bronze à Amsterdam ; — en 1855, une médaille de première classe à Paris ; — en 1858, une médaille de première classe à Dijon ; — en 1859, une médaille d'argent à Bordeaux ; — en 1861, une médaille d'argent à Metz ; — en 1862, une *prize médal* à Londres ; — et en 1865, une médaille de première classe à Paris.

Les jurys des classes 65 et 14 et 15 lui ont décerné, cette année, une médaille de bronze et une mention honorable.

Son exposition est divisée en deux parties : l'une, dans la grande galerie des machines, porte le n° 88 de la classe 65 ; elle contient des coffres-forts de divers modèles ; deux coffres avec caisses séparées pour les livres et pour les valeurs ; — à la caisse des livres de chacun de ces coffres est appliqué le *système isoloir* décrit plus loin ; — un coffre-meuble style

Louis xv ; des coffrets à bijoux en acier poli ; des serrures de sûreté dites *serrures-Haffner ;* des serrures-Brahma, perfectionnées par l'exposant ; des tarières, des mèches et des vrilles dont la vis et la cuillère sont faites à la machine, d'un seul coup d'étampe ; des vilebrequins avec une excentrique pour maintenir la mèche, divers objets en quincaillerie ; et, enfin, un nouveau système de clefs numérotées pour hôtels et administrations dont le numéro est en relief sur une plaque réservée dans l'anneau même de la clef.

La seconde partie de l'exposition, portant le n° 216 des classes 14-15, est disposée dans la galerie du mobilier français près des billards ; elle se compose :

1° D'un meuble en ébène avec *caisse isoloir,* c'est-à-dire muni à l'intérieur d'une double caisse séparée de la première par un vide de 0^m,05, la tôle de la première caisse, qui est recouverte de bois, a 0^m,01 d'épaisseur. Cette invention, due à M. P. Haffner, abrite les papiers renfermés dans les caisses, jusqu'à fusion des tôles ;

2° D'un meuble en palissandre forme chiffonnière ;

3° D'un coffre ordinaire et, enfin, de petits coffrets à bijoux, les uns recouverts en cuir de Russie et les autres en acier poli et moiré.

SERRE.

M. Pantz est le seul exposant de la Moselle dans le jardin réservé. Sa serre hollandaise est établie contre l'avenue de Lamotte-Piquet, à gauche du chalet-restaurant de Gousset ; — elle porte le n° 16 de la classe 83.

Le pavillon central et les deux ailes de cette serre ont plus de 28 mètres de longueur sur 6 à 7 mètres de largeur ; la hauteur du pavillon central est de 5^m,50 ; les vitraux développés couvrent une surface de plus de 410 mètres. L'aération est largement entretenue par de nombreux châssis ménagés dans la couverture et à la base des serres ; ils se ferment hermétiquement à coulisse et à bascule.

De l'avis même des jardiniers attachés à l'Exposition, cette serre semble parfaitement entendue et nous serions heureux si la ville de Metz en décidait l'acquisition pour la placer dans son jardin botanique de Montigny.

M. Pantz ne se borne pas à la construction des serres. On sait qu'il sort de ses ateliers quantités de lits en fer, grilles de clôtures, portes en fer ouvragé et mobiliers pour jardins, etc., etc. Il occupe trente ouvriers et il a trouvé des acheteurs non—seulement en France, mais en Prusse, en Suisse et jusqu'en Italie.

C'est en 1839 qu'il a commencé très—modestement, avec l'aide d'un seul ouvrier. Les meubles en fer étaient alors une nouveauté, et la médaille obtenue en 1843, à l'Exposition de la Moselle, contribua beaucoup à propager ce genre nouveau dans nos contrées ; aujourd'hui, M. Pantz possède un atelier spécial et de vastes magasins, avenue Serpenoise. Le montage de ses grands travaux se fait dans son atelier—succursale du Sablon.

Une trentaine de distinctions, obtenues aux expositions précédentes, attestent ses progrès constants dans le genre qu'il a importé parmi nous.

Les récompenses ne devant être décernées aux exposants de la classe 9 qu'à la fin de l'Exposition, nous ne savons encore rien de la décision du jury de 1867.

CHARRONNAGE.

On a grand peine à reconnaître les moyeux et les essieux de *M. Bertrand-Geoffroy*, d'Apach, dans l'annexe de la carrosserie française. Cette exposition de très—bons modèles n'est indiquée au public que par le livret où elle porte le n° 79 de la classe 61, car aucune enseigne ne la désigne. Elle n'a même plus son numéro, et nous n'avons pu obtenir sur son compte aucun renseignement de la Commission ni du gardien de la salle.

CAFETIÈRES RÖCKEL.

M. Röckel a exposé dix cafetières en terre, en faïence et en métal, dans la grande galerie des machines du côté du parc, en face de l'*Ascenseur mécanique*. On lui doit l'invention de la cafetière dite *Universelle;* elle consiste en un vase dans lequel plonge un bassin-filtre contenant le café moulu. A sa partie supérieure, le bassin est percé d'une série de trous par lesquels l'eau bouillante tombant sur le café, en extrait rapidement tous les principes aromatiques.

L'exploitation du brevet Röckel a été cédée à MM. Malher et Duriez, de Paris, qui vendent environ 9000 de ces appareils chaque année.

CRISTALLERIES ET VERRERIES.

On ne saurait parler des *Cristalleries de Saint-Louis,* sans dire un mot de leur histoire. Ce fut un avocat au Parlement de Nancy qui obtint en 1767 le privilége de fonder Saint-Louis, non loin d'une ancienne verrerie détruite par les guerres du siècle précédent. En protégeant l'industrie, l'État cherchait en ce temps-là, — qui ne ressemble guère au nôtre, — un moyen d'utiliser ses grands bois dont les plus beaux arbres pourrissaient sur pied.

Le nouvel établissement débuta par un succès qui avait le double mérite de servir nos intérèts et de flatter notre amour-propre national. Seuls alors, les Anglais connaissaient l'art de fabriquer les cristaux. Après plusieurs essais, la verrerie de Saint-Louis, comme on l'appelait alors, put en 1781 soumettre à l'appréciation de l'Académie des sciences un cristal qui fut reconnu égal en qualité et en beauté au cristal d'outre-Manche.

La découverte était d'autant plus précieuse qu'on avait su l'appliquer aussitôt en livrant au marché parisien des produits moins chers que ceux de l'étranger. L'honneur de ce fait qui donne à Saint-Louis le pas sur les autres cristalleries françaises, revient à un M. de Beaufort qui dirigeait alors la verrerie.

Un moment arrêtés par l'émigration des anciens propriétaires, les travaux reprirent, dès l'an VI, avec une activité qui ne s'est plus démentie. Cependant, on ne cessa qu'un peu après 1820 d'y faire du verre à vitres et du verre de Bohème pour se livrer exclusivement à la fabrication du cristal.

Quant aux progrès accomplis pendant cette longue période, la trace s'en retrouve aisément dans la liste des distinctions obtenues depuis le commencement du siècle. En effet, en l'an VI, il était décerné à la manufacture une médaille d'argent; en 1834, une médaille d'or; et depuis, il n'est pas une exposition à laquelle les cristaux de Saint-Louis n'aient obtenu le rappel de cette distinction.

En 1855, ils sont venus chercher la médaille d'honneur à Paris au grand concours universel, et trois des contre-maîtres de l'usine ont été jugés dignes chacun d'une médaille de seconde classe.

Enfin, cette année, le jury international a encore décerné une médaille d'or aux cristalleries de Saint-Louis; une médaille de bronze au chef de l'école de dessin; deux mentions honorables à un graveur et à un employé de l'usine.

On a aussi nommé chevalier de la Légion d'honneur M. Didierjean à la direction duquel la Compagnie doit de nombreux changements.

Comme matières premières employées chaque année dans la fabrication du cristal, citons 900000 kilogrammes de sable blanc, extrait des carrières de Fontainebleau; 200000 kilogrammes de carbonate de potasse acquis en France, en Toscane et en Hongrie; et 400000 kilogrammes de minium de plomb, fabriqué dans l'usine avec des plombs d'Espagne et de Belgique.

Toutes les matières doivent être extrêmement pures, car la présence de quelques millièmes de substances étrangères suffirait pour nuire à la blancheur du cristal.

En 1783, la valeur du cristal fabriqué à Saint-Louis n'était que d'environ 96000 francs par an; aujourd'hui, la Compagnie livre annuellement au commerce pour 3400000 francs de cristaux blancs et colorés, dont les neuf vingtièmes vont à l'exportation.

La manufacture possède à Paris un grand dépôt où sont occupés soixante employés et emballeurs. Des ateliers de peinture, de décor et de monture en bronze doré y emploient continuellement environ cent cinquante ouvriers.

L'usine est située dans la pittoresque vallée de la Munsthal, au milieu des forêts du pays de Bitche. Les bâtiments d'exploitation se composent d'une halle où sont les grands fours à fusion, de plus de cinq cents tours à tailler, mus par des machines à vapeur, de vastes magasins, d'ateliers pour la fabrication du minium et des creusets.

Son personnel compte près de seize cents ouvriers; leur salaire mensuel s'élève de 85 à 90 000 francs.

Les pièces livrées journellement au commerce par la manufacture sont non-seulement des pièces de services de tables très-légères et très-délicatement gravées, mais encore des ornements de grandes dimensions, des candélabres et des lustres en cristal blanc ou coloré, des grands vases gravés ou décorés, des coupes gravées et montées sur bois ou sur bronze, sans omettre une quantité considérable de ces petits articles utiles ou de fantaisie que le néologisme moderne a confondus sous le nom de *bibelots*.

La Compagnie fabrique en outre tous les verres de couleur qui se trouvent dans l'état actuel de la science sur la palette du verrier. A diverses époques, elle a fait faire de nombreux progrès à la fabrication des cristaux, soit en perfectionnant les procédés, soit en introduisant dans le commerce des couleurs nouvelles qui n'ont pu encore être parfaitement imitées. Le verre marbré, imitant le malachite, est dans ce cas, ainsi que le rubis sur cristal, à la façon du rubis Bohême. M. Marcus, commissaire général de l'Exposition de Metz, en 1861, a été pour beaucoup dans ces nombreux progrès pendant qu'il était directeur des cristalleries de Saint-Louis.

C'est de là aussi, que sont sortis, pour la première fois en France, les verres appelés *Luftglass* et *Flechtglass,* imités des anciens verres de Venise, ainsi que les verres marbrés, les verres filés et les imitations de fruits.

Il y a trois ans, M. Didierjean a résolu le problème délicat de la fabrication du cristal d'après le procédé Siemens, mais à pots découverts. Depuis ce temps, la fonte et le travail s'opèrent exactement comme dans les anciens fours au bois et l'on n'a eu à se plaindre d'aucune altération dans la pureté des produits.

Outre la gravure à la roue, la Compagnie emploie trois procédés nouveaux, qui n'étaient point encore industriels lors des expositions précédentes :

1° La gravure au moyen d'une dissolution d'acide fluorhydrique, attaquant le cristal et le gravant en clair ;

2° La gravure au moyen de l'action des bi-fluorures, d'après le système de MM. Maréchal et Tessié du Motay. Par ce procédé, le cristal est gravé en mat ;

3° Un mode de gravure en relief, unique jusqu'ici dans l'industrie ; il était représenté par une grande coupe qui a été vendue au Sultan, et il n'a par conséquent plus de spécimen à l'Exposition.

Nous serions injuste en ne payant pas notre tribut d'éloges aux mesures que l'administration n'a jamais hésité à prendre du moment qu'il s'est agi de ses ouvriers. Non contente de l'argent qu'elle répand dans la plus pauvre de nos contrées, elle ne néglige aucune mesure utile au bien-être ou à l'amélioration morale des gens qu'elle fait vivre. Tous sont d'ailleurs, pour ainsi dire, nés dans l'usine, et on en citerait peu qui aient été porter à d'autres établissements le fruit de leur apprentissage ; ils savent que, nulle part, ils ne trouveraient une administration plus paternelle, une existence plus assurée.

Quelle maison leur offrirait des avantages pareils à ceux-ci :

1° Salle d'asile pour une centaine de petits enfants. — École pour les filles. — École pour les garçons, à laquelle est annexé un cours gratuit de dessin ;

2° Caisse de prévoyance et de secours mutuels, dont le premier fonds a été donné par la Compagnie ; — elle est alimentée par une retenue sur les salaires ;

3° Pension de retraite, *sans retenue sur leurs salaires,* pour les veuves et pour les ouvriers que leur grand âge, leurs infirmités ou quelque accident ont rendus incapables de travail. — Le chiffre de ces dépenses monte annuellement de 8 à 10 000 francs ;

4° Logement gratuit, avec jouissance d'un jardin. Une concession de 50 à 60 ares de terre est de plus réservée à ceux des ouvriers qui se font remarquer par leur habileté et leur bonne conduite. *Le logement gratuit est conservé à la veuve de l'ouvrier ;*

5° Soins quotidiens donnés aux malades par une sœur infirmière. Droit aux visites et aux consultations d'un médecin qui consacre deux jours par semaine à l'établissement.

Voilà des mesures qui honorent l'administration dont elles émanent comme les hommes qui en sont jugés dignes.

L'exposition de la cristallerie couvre les tables réservées sous le n° 2 de la classe 16°. Elle est fort appréciée, car, pour ne citer que l'une des ventes faites, nous dirons que le Sultan y a choisi quinze pièces ayant une valeur de 30000 fr., dont il a obtenu la livraison immédiate, sur ordre de la Commission — exception qui se conçoit mais qui est regrettable, car elle prive le public de la vue d'une partie des pièces les plus dignes de son admiration.

Pour terminer, faisons observer que la Compagnie de Saint-Louis ne s'est point écartée non plus cette année du véritable but des concours, qui est de faire connaître les perfectionnements obtenus dans la fabrication et la diminution opérée dans les prix de vente.

Ce qui plaît dans les quatre *Verreries* vraiment importantes du département, c'est que leurs spécialités nettement définies semblent avoir voulu exclure toute idée de concurrence.

La fondation des *Verreries de Meysenthal,* dirigées aujourd'hui par *MM. Burgun, Schwerer et Cie,* remonte au règne du grand roi. Détruites en 1858 par un violent incendie, on y a, en les reconstruisant, apporté tous les perfectionnements possibles.

Cette verrerie jette pour environ 700 000 francs, par année, de ses produits dans le commerce de la gobeletterie ; on a peine à se figurer leur variété singulière et leur extrème bon marché.

On y trouve tout, depuis le verre de lampe et la grosse chope alsacienne, jusqu'à ces brimborions d'opale qui font le bonheur des étagères parisiennes ; depuis les services à bière, en verre blanc ou opale, ou rosé, ou ambré, jusqu'aux verres d'eau et aux garnitures de toilette les plus élégantes, avec gravures, peintures et dorures riches.

Depuis quelques années, Meysenthal, grâce à la blancheur et à l'éclat de son verre, a pu aborder la fabrication de la lustrerie ; et elle produit aujourd'hui de très-beaux lustres pour salons et pour églises, ainsi que des candélabres et des appliques fort remarquables.

Tous les progrès dernièrement réalisés dans la fabrication du verre et du cristal, ont été appliqués à la verrerie de Meysenthal et ils lui permettent de livrer ses produits à un extrême bon marché.

Il se consomme à Meysenthal plus de 1 000 000 de kilogrammes de matières premières et une quantité considérable de houille servant à la production du gaz pour les fours, d'après le procédé Siemens, et à l'alimentation de trois machines à vapeur qui font mouvoir les tours de la taillerie.

Le personnel de l'usine est de quatre cents apprentis, ouvriers et employés qui gagnent de 12 à 150 francs par mois. Ils ont une caisse de secours et de prévoyance à laquelle il versent un pour cent de leur salaire.

Les envois de Meysenthal figurent à côté de ceux de Saint-Louis, sous le n° 5 de la classe ; ils présentent des spécimens de la plupart de ses produits. Les verres à surprise pour le vin rouge et le champagne ont surtout un succès indicible. L'usine ne suffit plus aux commandes. Je ne dois pas oublier que l'Empereur y a daigné choisir un service à bière en verre de couleur rubis.

La chapelle du Parc est ornée par des lustres, candélabres et appliques qui peuvent faire apprécier la valeur de la nouvelle lustrerie de Meysenthal. Il y a là, entre autres, un lustre de soixante-douze lumières.

MM. Burgun, Schwerer et Cie ont obtenu une médaille d'argent. En 1855, on leur avait déjà décerné une médaille de deuxième classe.

Gœtzenbruck n'a rien de commun avec la gobeletterie ; on se contente d'y travailler pour les myopes, les presbytes, les opticiens et les horlogers. L'origine de cette usine ne le cède en rien à celle de ses voisines, car sa fondation remonte à 1718. Elle est dirigée aujourd'hui par *MM. Walter-Berger et Cie*. Nulle part on ne met peut-être plus de bras en mouvement pour arriver à produire un moindre poids. Le travail quotidien de quinze à dix-huit cents ouvriers n'y donne en effet pas plus d'une centaine de tonnes de marchandises au bout de l'année. Il est vrai que cela représente environ 130 000 verres de montres par jour, sans compter les verres de pendules, les verres de lunettes, les boules argentées qui vont ensuite miroiter dans tous les pays du monde.

Les verres de montres et de lunettes de Gœtzenbruck ont eu part aux récompenses décernées par tous les jurys d'expositions. Il nous suffira de rappeler ici : une décoration de la Légion d'honneur obtenue à la suite de l'Exposition de Londres en 1862 ; — trois médailles de bronze obtenues à Londres en 1851 et 1862, à Paris en 1860 ; — six médailles d'argent obtenues à Paris en 1839, 1855, 1867, à Metz en 1823, 1826 et 1861 ; — une médaille d'or à l'Exposition de Bayonne en 1864.

Les quatre cinquièmes des ouvriers résident dans sept ou huit villages des environs ; les apprentis et les ouvriers gagnent de 15 à 90 francs par mois.

La direction de la verrerie fournit facultativement à ses ouvriers les objets de consommation journalière, et tous ses efforts tendent à écarter, autant qu'il est en son pouvoir, les maux à redouter dans tout centre industriel.

Pour trouver l'exposition de Gœtzenbruck, il faut gagner l'une des salles de la classe 91, dans le fond de laquelle une vitrine d'angle présente des spécimens de tous les objets fabriqués.

Dans la même salle, presque en face de la vitrine de Gœtzenbruck, se trouve l'exposition de *M. Valet*. Cette exposition porte le n° 28 de la classe 16. Elle offre, soit en feuilles, soit en cartes d'échantillons, la plus riche palette que l'on puisse voir. Tous les tons y sont représentés, depuis le verre blanc ordinaire et dépoli jusqu'aux nuances les plus délicates, à tous les degrés.

Entre ces mille couleurs, on distingue des tubes à niveaux pour machines à vapeur, et des tuiles dites mécaniques en verre moulé blanc ou coloré.

La verrerie de Forbach fut créée, en 1828, pour la fabrication des bouteilles. En 1840, elle fut achetée par M. Valet, qui y commença la fabrication du verre à vitres et l'éleva progressivement à son degré d'importance actuel.

Cette usine occupe cent vingt ouvriers qui sont payés jusqu'à 250 francs par mois; ce personnel produit de 20 à 25 000 mètres carrés de verres à vitres et verres de couleur, qui se vendent en France et en Allemagne.

Depuis 1849, époque à laquelle a commencé la fabrication des verres de couleur, les produits de Forbach ont été partout appréciés ; ils ont fait obtenir à M. Valet cette année, comme en 1855, une médaille de bronze au concours universel de Paris ; en 1849 et en 1861, ils avaient été jugés dignes, à Metz, de deux médailles d'argent.

La quatrième usine qui représente l'industrie verrière du département est la fabrique de bouteilles de MM. *Becker* frères et fils *à Uckange*. Bien qu'aucune mention n'en soit faite au livret, on trouve, dans la salle de la classe 91, près des deux expositions décrites ci-dessus, un envoi qui se compose de bouteilles et de demi-bouteilles fortes, destinées aux vins mousseux. La solidité et le degré de résistance des bouteilles d'Uckange sont fort appréciés par les viticulteurs champenois ainsi que par les fabricants d'eaux gazeuses de notre contrée. C'est dans leurs caves que se place une partie des 2 000 000 de bouteilles fabriquées par les deux fours de cette usine fondée en 1858.

Les matières premières employées, sont le sable et le carbonate de chaux que l'on trouve dans les environs ; le sel est tiré de Sarralbe et du département de la Meurthe.

Cent cinquante ouvriers et apprentis sont employés à l'usine. Un verrier arrivé à un certain degré d'habileté peut gagner de 8 à 10 francs par jour, quelquefois au delà.

A ses débuts, la verrerie d'Uckange avait obtenu à l'exposition de Metz une médaille de bronze. Cette année, le jury lui a décerné une mention honorable, ce qui est un succès si on considère qu'elle se trouvait dans le groupe où les médailles étaient nécessairement réservées aux cristalleries et aux fabriques de glaces.

Pour obéir au livret qui leur donne le n° 71 de la classe 16, plaçons ici nos peintres-verriers, *MM. Maréchal père et fils*.

Quelques mots d'abord sur les développements successifs de notre plus belle industrie locale, car elle a déjà son histoire.

A la fin de 1836, M. Lapied, qui recherchait activement les anciens procédés de peinture sur verre, fit à M. Maréchal père la proposition de s'associer pour l'exploitation de quelques découvertes. M. Lapied ne pouvait tomber sur un meilleur guide artistique. Par les soins de M. Maréchal, un atelier fut organisé en 1837 dans la rue des Murs ; les vitraux qui en sortirent ne tardèrent pas à être appréciés. Bientôt M. Maréchal dut prendre comme collaborateur son beau-frère, M. Gugnon, industriel habile, à qui M. Lapied céda la place.

Pendant cette seconde association, qui dura jusqu'en 1855, l'entreprise continua de prospérer, et les ateliers furent installés sur un terrain plus vaste, dans la rue de Paris, au Fort.

En 1862, M. Tessié du Motay, connu par d'importantes découvertes chimiques, s'entendit avec MM. Maréchal pour diverses applications industrielles de ses inventions qui intéressent directement la fabrication des vitraux. Ces nouveaux progrès furent pris fort à cœur par M. Raphaël Maréchal ; il lui fallut un travail de deux années pour arriver à la mise en pratique des théories de M. Tessié. — C'est donc de 1864 que date la grande transformation des ateliers. Il y a aujourd'hui près de quatorze mois, on s'y préoccupait fort des envois destinés à l'Exposition universelle, lorsque dans la nuit du 10 juin 1866, un incendie vint en détruire la moitié. Le même désastre atteignit presque tous les cartons, des vitraux magnifiques, le matériel et les fours.

MM. Maréchal. Pourvue de ces puissants moyens d'effet, la peinture sur verre se lie aux peintures opaques et peut sans discordance entrer dans la décoration des palais. Une galerie de portraits historiques traités avec ces ressources emprun-terait à l'éclat et aux variations de la lumière une puissance supérieure à celle de tout autre moyen.

L'Artiste et *les Moissonneuses* donnent les limites extrêmes de la coloration et de la lumière dans les vitraux peints; mais l'adoption de termes moyens peut aussi pourvoir aux exigences les plus étendues de l'éclairage des appartements, sans amoin-drir la valeur décorative.

VITRAUX PHOTOGRAPHIQUES.

A cette classe appartiennent deux *portraits* ainsi que *l'Apparition de sainte Anne, d'Auray*. Il ne faut pas con-fondre les vitraux photographiques avec les photographies sur verre dont la durée est très-limitée. Ils sont indélébiles comme les vitraux ordinaires dont ils possèdent toutes les qualités constitutives ; puis la palette du peintre-verrier vient leur donner les appoints d'effet nécessaires pour les porter à la consistance du vitrail.

Ce genre nouveau peut contribuer à la décoration des églises; mais la destination principale semble être la décoration des appartements. Appliqués aux vitres, ces panneaux peu-vent donner un cachet original aux habitations les plus ordi-naires qu'elles rehaussent par la reproduction d'œuvres d'art, de portraits, de vues d'après nature, de paysages et de mo-numents.

LES PHOTOGRAPHIES VITRIFIÉES, qui ne sont que des vitraux photographiques ayant conservé leur coloration naturelle, ont les mêmes destinations et le même avenir.

On ne lira pas sans intérêt quelques notes sur les procédés employés pour obtenir ces deux très-ingénieuses applications de l'art photographique.

Ici, comme plus loin, nous nous bornerons à donner les explications mêmes des inventeurs, qui abondent en mots

techniques et qui, par conséquent, ne sauraient être repro-
duites avec trop de scrupule :

Cette nouvelle méthode des *photographies vitrifiées* est appli-
cable à la production d'images photographiques de toute nature,
sur cristal, sur verre, sur émail, sur lave, sur porcelaine, sur
faïence, etc. Elle comprend une série de dix opérations que
nous allons décrire sommairement d'après leur ordre : 1° dans
cent parties de benzine ont dissout quatre parties de caoutchouc ; à cette solution on ajoute une partie de collodion normal
dissous dans l'éther : ce composé est versé sur l'une quelconque
des matières sur lesquelles on veut produire directement ou
reporter une image photographique vitrifiable ; on le fait ensuite
sécher, soit à l'air libre, soit dans une étuve, jusqu'à ce qu'il
forme une couche pelliculaire très-adhérente ; 2° sur cette première couche ainsi desséchée, on verse du collodion ioduré :
cette seconde couche s'unit intimement à la première, et ac-
quiert par le fait une résistance au moins égale à celle d'une
feuille de caoutchouc de semblable épaisseur, résistance qu'aucun collodion ne possède ; 3° après avoir immergé la double
couche ainsi préparée dans le bassin de nitrate d'argent, on en-
gendre l'image, soit dans la chambre noire, soit par superpo-
sition ; 4° l'image latente étant produite, on la fait apparaître
et on la développe par l'un quelconque des agents révélateurs
aujourd'hui en usage ; 5° on fixe l'image révélée par l'action
successive de deux bains contenant en dissolution : l'un, des
iodocyanures, l'autre, des cyanures alcalins ; 6° on trempe l'image
ainsi fixée pendant quelques minutes dans une solution de sulfate de protoxyde de fer, d'acide pyro-gallique ou de tous autres
acides réducteurs des sels d'argent ; 7° on renforce l'image par
la réaction de l'acide pyro-gallique, de l'acide gallique, de l'acide
formique ou du sulfate de protoxyde de fer sur une solution de
nitrate argentique acide ; 8° l'image photographique étant révélée, fixée et renforcée, on la trempe pendant une ou plusieurs
heures, soit dans des bassins de chlorure ou de nitrate de platine, soit dans des bassins alternés de chlorure d'or et de nitrate
de platine, soit encore dans des bains de chlorure d'or ; 9° l'image,
au sortir du bain de platine ou d'or est lavée dans un bain de
cyanure alcalin ou d'eau ammoniacale, au maximum de concen-
tration ; elle est ensuite recouverte d'un vernis caoutchouc, d'es-
sence grasse ou de gutta-percha, et soumise à un feu de moufle
qui brûle les matières organiques et met les métaux à nu ;
10° enfin, l'image ainsi débarrassée du collodion et des autres

matières organiques est couverte d'un fondant silicique ou bora-cique et amenée au rouge orangé par l'action du feu qui la vitrifie. Cette méthode a pour but et aura pour effet la conservation indéfiniment prolongée des images photographiques.

Pratiquement, cette méthode est d'une application facile; ar-tistiquement, elle se recommande d'une façon générale, par ses applications multiples, à la décoration de toutes les matières siliceuses, et d'une façon spéciale par son application sur le cristal et sur le verre; car, par elle, on obtient sur ces deux substances des images vitrifiées, visibles, soit par réflexion, soit par transparence, qui jusqu'ici n'ont pu être produites par au-cune méthode photographique connue.

PHOTOTYPIE.

Les inventeurs qui avant MM. Tessié du Motay et Maréchal, ont abordé le problème de la reproduction par l'impression aux encres grasses des œuvres photographiques, ont pris les pierres lithographiques et les métaux pour supports des images à reproduire; par là même, ils sont venus se heurter contre deux difficultés, ou plutôt contre deux insuccès très-graves.

Il fallait donc à tout prix découvrir des substances d'une autre nature que les métaux et les pierres, qui permissent, en raison de la ténuité et de la continuité de leurs pores, une impression aux encres grasses sans grains naturels ou artificiels.

Un mélange de colle de poisson, de gélatine et de colle étendu en couches uniformes sur une plaque métallique bien dressée, additionné au préalable d'un des sels acides de chrome, le tri-chromate de potasse, si facilement impressionné par la lumière, est de tous les véhicules essayés celui qui prend le mieux les corps gras proportionnellement aux intensités des gradations du blanc au noir, qui font l'image imprimée par la lumière.

Lorsque les planches métalliques recouvertes de couches sensibles ont été exposées pendant un temps suffisant à une température de 50°, on les soumet à l'action de la lumière sous un cliché négatif. Le temps de pose varie avec l'état du jour et de la saison. Les circonstances étant les mêmes, le temps de réduc-tion des images est sensiblement égal à celui des images au chlo-rure d'argent. Quand les plaques ont été impressionnées, elles sont soumises d'abord à un lavage prolongé, puis desséchées à l'air libre ou à l'étuve. Ainsi préparées, elles sont aptes à recevoir l'impression aux encres grasses, soit par le tampon, soit par le rouleau.

Dans cet état, la planche destinée à recevoir l'impression ressemble à un moule à surface ondulée; on dirait une planche gravée à l'aquatinte, mais sans grain comme dans ces sortes de planches. En effet, les creux se garniront d'encre et les blancs resteront découverts; mais pour remplacer le grain absent, ce sera l'eau contenue dans les pores de la couche non insolée, qui éloignera les corps gras des blancs restés à nu, tandis que les parties devenues insolubles, c'est-à-dire les creux de la planche, retiendront les encres grasses avec d'autant plus de force que la lumière les aura rendues moins perméables à l'eau.

Les planches ainsi préparées peuvent, en moyenne, fournir un tirage de soixante-quinze épreuves. Passé ce nombre, les reliefs s'affaissent, les épreuves tirées sur papier deviennent moins vigoureuses et moins parfaites.

Cette limitation du tirage à un si petit nombre d'exemplaires, serait évidemment le côté défectueux de la nouvelle méthode d'impression, si on ne suppléait sans peine à ce tirage réduit au moyen d'un clichage rapide et peu coûteux.

Doués d'une finesse extrême, ces clichés se prêtent à la multiplication indéfinie, non-seulement des planches phototypiques, mais encore des épreuves obtenues par les autres procédés photographiques.

Voici bientôt un an que les procédés d'impression *par encres grasses* sont pratiqués dans les ateliers de M. Maréchal. On s'en est si bien préoccupé à Paris, qu'une Société, sous la raison Arosa et Cie, organise en ce moment, à Saint-Cloud, une grande usine, où seront exploités les procédés phototypiques Tessié du Motay et Maréchal.

De nombreuses épreuves de *phototypie* sont placées dans un album, sous les *photographies vitrifiées*.

Un des avantages de cette nouvelle application de la photographie est la facilité de reproduire les chefs-d'œuvre de l'art et de les mettre à la portée des ressources les plus modestes; elle réalise un vœu que le ministre de l'instruction publique exprimait dans son rapport sur l'enseignement du dessin: c'était celui de voir placer dans les écoles urbaines ou rurales des petits musées, réservés jusqu'à présent aux cabinets d'amateurs et aux bibliothèques.

GRISAILLES IMPRIMÉES.

Les impressions de grisailles permettent d'offrir, aux prix les plus insignifiants, des dessins de style d'une exécution irréprochable. Ce bon marché s'explique en ce que, une fois le dessin primitif obtenu et la planche gravée, un travail purement mécanique est seul nécessaire.

Les peintures sur verre faites pour être vues en transparence exigent une épaisseur d'émail de quatre à cinq fois plus forte que celles des peintures sur pâtes céramiques destinées à être vues par réflexion. D'où il suit: 1º que les dessins faits pour être transportés sur verre ne peuvent être pris sur des planches gravées en taille-douce, parce qu'après la cuisson ils manquent d'épaisseur et, partant, de l'opacité nécessaire; 2º que les matières organiques servant de véhicule au flux vitreux à imprimer, doivent être augmentées en quantité proportionnelle à la somme d'émaux qu'elles doivent contenir.

Pour résoudre le problème de l'impression par voie de décalque d'images émaillées et vitrifiables sur cristal et sur verre, il a donc fallu recourir à l'emploi de planches gravées en tailles profondes, analogues à celles qui servent à imprimer les papiers de tentures et les étoffes, et d'encres organiques contenant à l'état de combinaison les émaux à vitrifier.

En outre, tous les véhicules aujourd'hui employés pour l'impression des émaux sur porcelaine et sur faïence, amènent sur cristal ou sur verre, pendant la cuisson, la déformation des dessins, et, par places nombreuses, leur non adhérence aux surfaces qu'ils recouvrent. MM. Tessié du Motay et Maréchal on trouvé des encres organiques qui favorisent au contraire l'union des flux vitreux avec les feuilles de cristal ou de verre, et qui constituent en même temps une nouvelle classe de combinaisons chimiques, à composants multiples, mais parfaitement définies.

Imprimées à couches épaisses sur papier et décalquées sur cristal ou sur verre, ces encres ont la propriété de se brûler et de se vitrifier sans déformations comme sans soufflures. Aussi, a-t-il été possible d'employer, pour la reproduction des dessins d'ornement et de grisailles, les rouleaux à tailles profondes, qui servent à Mulhouse pour l'impression des étoffes.

Mus par une machine à vapeur, les rouleaux produisent, en

une heure, plus de travail que *deux cent cinquante* dessinateurs dans une journée.

Plusieurs milliers de mètres de grisailles et de mosaïques ornent déjà nos églises.

GRAVURES CHIMIQUES MATES SUR CRISTAL ET SUR VERRE.

Pour obtenir une belle gravure mate, vraiment artistique et industrielle, il faut, comme MM. Tessié du Motay et Maréchal l'ont imaginé, pratiquer cette gravure dans un bain où l'acide fluorhydrique à l'état naissant se dégage au contact de l'acide cilicique du cristal et du verre. C'est le seul moyen d'éviter la formation des fluorures de silicium d'abord, puis des fluorures de plomb et de calcium.

Pour engendrer l'acide fluorhydrique à l'état naissant, ils ont eu recours à la réaction qu'exercent les dissolutions aqueuses des acides hydrochlorique et acétique sur les fluorures et les fluorhydrates de fluorure des métaux alcalins.

Depuis plus de deux ans, dans les usines de Saint-Louis, de Baccarat et du Fort, à Metz, ces procédés si efficaces et si simples ont remplacé en grande partie les méthodes anciennes de dépolissage et de gravure; elles ont, de plus, l'avantage de remplacer la roue et l'acide fluorhydrique, tous deux d'un emploi insalubre, par des sels inoffensifs et de maniement facile.

Quelques échantillons de pièces gravées d'après ce procédé figurent dans le chalet des vitraux.

PRODUCTION INDUSTRIELLE DE L'OXYGÈNE.

Un des plus grands problèmes à l'ordre du jour, depuis longtemps déjà, est la production abondante et économique du gaz oxygène, l'agent principal de la combustion, appelé à renouveler les grandes industries de l'éclairage, de la métallurgie, des arts chimiques, etc. ; et l'éternel honneur de l'Exposition universelle de 1867 sera d'avoir apporté, enfin, et mis sous les yeux du monde entier, cette solution tant désirée.

Dans le laboratoire international du Champ de Mars, chacun peut voir l'oxygène sortir, par mètres cubes, à un prix relativement très-bas, d'appareils aussi ingénieux que simples et efficaces.

Il s'agit d'extraire l'oxygène de l'air, qui en contient 21 p. %.

de son volume. L'expérience de Lavoisier, l'absorption de l'oxygène de l'air par le mercure, fut une première solution du problème. M. Boussingault l'a rendue un peu plus pratique en substituant la baryte au mercure, et, enfin, MM. Tessié et Maréchal ont résolu le problème en expérimentant que les manganates et les permanganates alcalins abandonnent une partie de leur oxygène à la température de 450° environ, lorsqu'on les met en présence d'un courant de vapeur d'eau.

Il se produit alors du sesquioxyde de manganèse et de la potasse ou de la soude hydrathée.

Le mélange de potasse ou de soude et de sesquioxyde de manganèse ainsi généré se réoxyde lorsqu'on l'expose à l'action d'un courant d'air à la température du rouge naissant, et reproduit des manganates alcalins.

Cela étant, — pour générer de l'oxygène au moyen du gaz atmosphérique, — on place dans une ou plusieurs cornues, un mélange à équivalents égaux de peroxyde ou de sesquioxyde de manganèse et de base alcaline, et on suroxyde ce mélange au moyen d'un courant d'air aspiré ou foulé par une voie mécanique, ou appelé par une cheminée faisant office d'appareil aspirateur. Le mélange est transformé en quelques heures, soit en manganate de potasse, soit en manganate de soude.

Le manganate de potasse ou de soude est ensuite désoxydé au moyen d'un jet de vapeur d'eau, soit dans les cornues mêmes où il s'est produit, soit dans d'autres cornues disposées à cet effet. L'oxygène et la vapeur, au sortir des cornues, passent dans un condenseur. La vapeur se liquéfie et l'oxygène se rend dans un gazomètre où il est recueilli.

Lorsque tout l'oxygène utilisable contenu dans les manganates a été dégagé par l'action de la vapeur d'eau, l'opération de la suroxydation par le courant d'air est recommencée et *vice versa*. La production de l'oxygène se continue ainsi par voie d'alternance d'une façon indéfinie.

Rien de plus admirable que ce procédé d'extraction de l'oxygène ; mais si l'on tenait à revenir à la décomposition de l'acide sulfurique, force serait de demander encore le succès à MM. Tessié du Motay et Maréchal qui ont fait breveter la seule pratique possible de cette décomposition. Elle consiste :

1° A faire tomber l'acide sulfurique sur une couche épaisse de sulfate d'alumine à la température de 500° environ ; le sulfate se décompose en même temps que l'acide, et protége le vase métallique qui n'est plus nécessairement en platine, mais qui peut être en fonte de fer ou en fer; 2° à conduire le mélange d'oxygène et d'acide sulfureux dégagé par décomposition, au sein d'une série de bonbonnes contenant de la magnésie à la température la plus favorable à sa combinaison avec l'acide sulfureux, qui se sépare en effet, en donnant naissance à du sulfite de magnésie qui l'emmagasine dans les conditions les plus excellentes, de telle sorte qu'on puisse l'expédier au loin, et le faire servir comme les pyrites, mais avec une économie d'au moins 50 p. % au dégagement, à une température relativement basse, d'acide sulfureux destiné à être envoyé dans les chambres de plomb, pour la préparation de l'oxygène par l'acide sulfurique.

L'oxygène produit à l'Exposition sert déjà aux expériences du laboratoire international, situé sur la berge de la Seine en aval du pont d'Iéna, et bientôt il éclairera l'un des phares de l'Exposition.

Le préfet de la Seine ayant compris tout l'avenir de ce nouveau mode d'éclairage, a désiré qu'il fût fait aux frais de la ville de Paris des expériences décisives.

On construit donc en ce moment, à l'hôtel de ville, un appareil de production, destiné à l'éclairage de la place et des rues avoisinantes. — Une pratique aussi rapide est le plus bel éloge de la théorie minutieuse qui vient d'être exposée.

Nous n'avons pas encore fini avec MM. du Motay et Maréchal. Nous les retrouvons dans la grande salle des machines, à côté des appareils de crémage Jarosson et A. Bastaert, de Lille (n° 31, classe 51). Il s'agit cette fois d'un nouveau procédé de blanchiment des fibres, fils et tissus de coton, de chanvre, de lin, de laine et de soie.

Voici, d'après les inventeurs, un aperçu du mécanisme et des avantages de leur combinaison :

Les fibres, fils et tissus d'origine végétale, contiennent deux sortes de matières colorantes : les unes, solubles après oxydation dans les lessives alcalines; les autres, inhérentes à la cellulose et qui doivent être blanchies par l'oxygène de l'air et la lumière, ou par des composés chimiques capables de dégager l'oxygène à l'état naissant.

La méthode nouvelle de blanchiment repose : 1° sur l'emploi

de substances pouvant fournir de l'oxygène actif en quantité plus grande que l'air atmosphérique, sans avoir pour cela d'action délétère sur les fibres et les tissus ; 2° sur l'emploi de dissolvants ayant la propriété d'oxyder et de dissoudre tout à la fois la matière colorante des textiles.

Les agents d'oxydation reconnus les plus efficaces, les plus aptes à remplacer l'action combinée de l'air et de la lumière, du chlore et des hypochlorites, sont : 1° l'acide permanganique produit par la décomposition des permanganates au moyen de l'acide hydrofluosilicique ; 2° les permanganates alcalins additionnés de chlorures, de sulfates, de fluosilicates alcalino-terreux, capables de former des sels avec la base de l'acide permanganique, au moment même où cet acide, décomposé par les fibres, passe à l'état basique.

MM. Tessié du Motay et Maréchal ont donc définitivement adopté comme agent de dissolution ou d'oxydation un mélange de lessives alcalines et d'une faible quantité de manganate de potasse ou de soude ; ou plus simplement encore, les oxydes de manganèse précipités sur les fibres, fils ou tissus se dissolvant en passant à l'état de minimum d'oxydation, dans des liqueurs chaudes contenant une petite quantité de potasse ou de soude caustiques.

Voici comment ils opèrent :

Blanchiment des étoupes, des fils ou des tissus de coton, de chanvre ou de lin. On les dégorge d'abord dans de l'eau chaude, puis on les dégraisse dans une lessive alcaline. On les plonge ensuite dans un bassin contenant en dissolution, soit de l'acide permanganique, soit du permanganate de soude additionné de sulfate de magnésie. Après cette immersion, qui doit être prolongée pendant quinze minutes environ, on enlève les substances à blanchir et on les porte, soit dans les lessives alcalines, soit dans des bains contenant ou de l'acide sulfureux ou de l'acide azoto-sulfurique ou du peroxyde d'hydrogène. Dans le premier cas, les fibres, fils ou tissus sont chauffés à 100° dans les lessives, pendant plusieurs heures, jusqu'à ce que les oxydes de manganèse qui les recouvrent, soient en partie ou en totalité dissous. Dans le second cas, les matières à blanchir sont laissées dans les bains contenant ou de l'acide sulfureux, ou de l'acide azoto-sulfurique, ou de l'eau oxygénée, jusqu'au moment où la plaque d'oxyde de manganèse qui les recouvre est en entier dissoute ; après quoi, elles sont lavées puis replongées : 1° dans une dissolution d'acide permanganique ou de permanganate ; 2° dans des lessives alcalines ou dans les dissolvants des oxydes de manganèse plus haut cités ; et ainsi de suite jusqu'à complète décoloration.

Un bain de blanchiment, contenant, selon la nature des fibres, fils ou tissus à décolorer, de 2 à 6 kilogrammes de permanganate de soude, suffit pour blanchir complétement 100 kilogrammes de coton, de chanvre ou de lin filés ou tissés.

La laine et les soies se blanchissent par le même procédé, avec cette différence que la lessive alcaline est une dissolution faible de savon et que l'on emploie l'acide sulfureux seul.

L'application industrielle de ces procédés faite dans les usines de M. Verlay, à Comines (Nord), a mis en évidence les résultats suivants :

1° Les fils de chanvre et de lin sont, sans altération, complétement blanchis dans une journée, *au lieu de quinze à trente jours ;*

2° Les toiles de chanvre et de lin sont, également sans altération, blanchies en trois jours ;

3° Le prix de revient du blanchiment est, en moyenne, pour les fils, de 35 centimes le kilogramme, *au lieu de 45.* Pour les toiles, on obtient de même une réduction de 9 francs à 6 francs les 100 mètres.

On n'aurait pu atteindre ce résultat sans trouver au préalable des procédés économiques : 1° pour produire le manganate de soude ; 2° pour transformer ce manganate en permanganate. MM. Tessié et Maréchal y sont arrivés. On peut voir derrière le laboratoire international, à côté de l'appareil à oxygène, leur appareil de préparation pour ces manganates.

Ici se termine ce que nous avons à dire sur l'exposition de MM. Maréchal père et fils, et sur cette association de l'art et de la science, dont les premiers résultats viennent d'unir à leur nom, d'une manière si remarquable, celui de M. Tessié du Motay.

MANUFACTURE DE SARREGUEMINES.

Il y a près d'un siècle, une fabrique de faïence commune fut fondée à Sarreguemines par Jacoby. En 1791, Utzschneider en devint propriétaire, et, depuis cette époque, elle a si bien progressé, qu'aujourd'hui elle forme trois immenses agglomérations de bâtiments sur la Sarre et sur la Blise, où marchent des machines à vapeur, des turbines et des roues Poncelet, où chauffent constamment quarante fours, absorbant chaque année près de 3000 tonnes de houille.

La faïencerie qui, en 1836, n'occupait pas plus de deux cent dix ouvriers, en compte aujourd'hui près de deux mille. Le chiffre de la production a augmenté dans les mèmes proportions ; car les 350000 francs de 1836 sont remplacés par une somme de 4000000 de francs, qui s'augmentera encore avec l'achèvement de la ligne de Lille à Strasbourg, et grâce aussi à l'acquisition récente d'une fabrique de porcelaine à Limoges.

Nulle autre maison française ne compte une plus grande variété de produits. Il est à remarquer, en outre, que sa fabrication a toujours progressé malgré l'abaissement graduel des prix de vente (25 à 50 p. %) et aussi malgré l'augmentation des prix de main-d'œuvre qui, de 1836 à 1867, a été de près de 40 p. %.

Les objets céramiques livrés au commerce par la manufacture de Sarreguemines peuvent se diviser en sept classes :

1º *Les terres à feu,* qui sont de trois espèces et de couleurs différentes, — jaune, rouge, carmélite et noire, — sont réservées à la cuisine et aux usages domestiques. C'est à la catégorie des terres rouge-carmélite et jaune qu'appartiennent les fameuses terrines de foie gras qui transportent les produits de Sarreguemines dans toutes les parties du monde.

2º Le *cailloutage* qui a détrôné l'ancienne terre de pipe, comme étant plus solide et moins exposé aux gerçures, peut être orné d'impressions ou de marbrures de couleurs. C'est le cailloutage qui nous donne ces grandes tasses à café au lait chères aux petits ménages, et ces assiettes à dessert sur lesquelles l'impression fixe le souvenir de nos épopées militaires et de nos romans des plus connus, avec devises et tirades à effet.

3º Le *cailloutage supérieur,* appelé *china* ou *granit,* ou encore *porcelaine opaque.* On lui a donné ce dernier nom pour le distinguer de la porcelaine anglaise dont il a toutes les qualités. Cette composition nouvelle unit une parfaite blancheur à une grande solidité. Se prêtant aussi bien aux usages domestiques qu'aux œuvres d'art, elle fait mieux ressortir l'impression et reçoit parfaitement la dorure et la peinture.

4° Le *parian,* — qui doit son nom à sa teinte, rappelant celle du marbre de Paros, — est un biscuit très-fin, employé pour la fabrication d'objets d'art ou de fantaisie.

5° La *porcelaine tendre,* à base de phosphate de chaux, est destinée surtout à la fabrication des services à dessert, à thé et à café. On en fait aussi des vases fort demandés par les décorateurs parisiens.

6° Les *grès fins, ou cérames,* pourraient fournir la matière d'un volume, si l'on voulait retracer la succession des expériences faites à l'usine pour arriver à livrer, comme elle le fait aujourd'hui, une pâte fine et dure, se prêtant à une variété infinie de teintes. Il serait aussi trop long d'énumérer tous les modèles offerts au public et accueillis par lui avec plus ou moins de faveur. Les grès de fantaisie, livrés aujourd'hui sous formes de vases et de coupes, peints, dorés ou platinés avec des reliefs très-hardis, peuvent soutenir toute comparaison.

7° Les terres polies, connues sous le nom de *porphyres* et de *jaspes artificiels,* ne sont imitées nulle part; elles s'obtiennent à très-haute température, ce qui permet de leur donner le plus beau poli. Comme cette composition se marie heureusement au bronze, on a cherché à l'utiliser dans la grande décoration.

On ne saurait dire à combien d'opérations donne lieu le moindre de ces produits, depuis le tamisage, le broyage, le mélange et l'évaporation des matières premières, jusqu'aux quatre cuissons de différents degrés. — Une assiette peinte et dorée passe par *trente-quatre mains* avant d'arriver à son entière perfection.

M. A. de Geiger a été directeur de cette importante manufacture depuis 1836 jusqu'à 1866, époque à laquelle il a pris pour successeur son fils, M. Paul de Geiger, en se réservant l'administration.

Comme preuve des progrès constants accomplis à Sarreguemines, voici la liste des prix remportés tant par M. Utzschneider que par MM. de Geiger :

En 1801 et 1802, médailles d'or à Paris ;

En 1806, médaille d'argent aussi à Paris ;

En 1819, M. Utzschneider était fait chevalier de la Légion d'honneur, avec rappel de la médaille d'or obtenue précédemment ;

Rappel de la même médaille était fait aux expositions de Paris de 1823, 1827 et 1834 ;

M. de Geiger était à son tour chevalier de la Légion d'honneur en 1844, après avoir obtenu, ainsi qu'en 1839, le rappel de la médaille d'or de 1801. — En 1849, une nouvelle médaille d'or lui était décernée à la suite de l'Exposition de Paris ;

A l'Exposition universelle de 1855, médaille de première classe ;

A Saint-Dizier, en 1860, médaille d'or ;

A Metz, en 1861, médaille d'or ;

A Chaumont, en 1865, grand diplôme d'honneur ;

A Amsterdam, dans la même année, médaille d'or ;

Enfin, cette année, le jury international ayant apprécié d'une part, les produits exposés sous le n° 83 de la 17e classe, et, d'autre part, les mesures prises pour améliorer le sort des ouvriers, a décerné la croix et deux médailles d'or au nouveau directeur, M. Paul de Geiger fils.

CHAPELLE DU PARC.

M. Ch. Champigneulle, fabricant d'ornements d'église, rue des Clercs, 8, à Metz. — Il est porté au livret des classes 14 et 15 sous les nᵒˢ 119 et 259, comme ayant une seconde exposition à l'angle de la galerie 3 et de la rue de Normandie. Dans cette dernière, sont exposées six statues de saints peintes et dorées, ainsi que deux stations de chemin de croix : l'une a été placée à l'église de Saint-Cloud, et l'autre a été exécutée sur commande de S. M. la reine d'Espagne.

Ce qui n'empêche pas son exposition de la chapelle d'être

très-remarquable. Aux piliers de la nef, sont adossées dix statues d'apôtres, dont la collection avait été demandée l'année dernière par S. Em. le cardinal Gousset.

Contre le pilier de gauche de la chapelle du Saint-Sépulcre, se dresse un saint Paul, terre cuite brute, d'un seul morceau, de 1^m,85 de hauteur. Cette pièce peut être citée comme type de moulage ; elle n'a pas le moindre raccord, et la cuisson n'y a pas produit la moindre fissure.

Enfin, un groupe de neuf personnages, de 1^m,85, représentant la mise au tombeau de Jésus. Dans ce groupe, la Vierge et saint Jean *ont été exécutés d'un seul morceau*, ainsi que la Notre-Dame-de-Pitié qui est placée au-dessus de la grotte ; ce qu'il est permis de considérer comme un tour de force de fabrication.

C'est à l'Exposition universelle de Metz (1861) que nous devons un peu tout cela. M. Champigneulle, frappé de la supériorité des statues religieuses de la section allemande, conçut alors la pensée de rivaliser avec nos voisins. C'était au commencement de 1862. Un atelier fut installé à Longeville, où se firent les premiers essais, avec l'aide d'un jeune et habile modeleur allemand. Les débuts furent laborieux, car tout était à créer : matériel, modèles, choix de matériaux de fabrication, décors, etc. Enfin, on put former des ouvriers, on choisit la terre cuite à l'exclusion du carton-pierre, et aujourd'hui il sort des ateliers de moulage et de décoration de M. Champigneulle, plus de 100 statues par mois, exécutées d'après les nombreux modèles qui sont sa propriété.

Ces œuvres commencent à être appréciées à l'étranger, comme en France. L'Allemagne même est loin de les dédaigner, ce qui n'est pas une des moindres récompenses de notre maître modeleur..

Depuis 1862, sept distinctions l'ont fait réputer à Nîmes, Angers, Toulouse, Bayonne, Nice, Dublin et Chaumont. La munificence du pape Pie ix a daigné même reconnaître les laborieux efforts de M. Champigneulle.

M. Jacquemin, architecte, avenue Serpenoise, a placé dans l'une des chapelles à gauche de la nef, un autel en marbre blanc, style de la seconde moitié du treizième siècle. Cet autel, d'un travail fort riche, trop riche peut-être, se recommande par une grande délicatesse d'exécution. Le dessous de table est formé de trois arcades à claire-voie, derrière lesquelles on placera, sans doute, soit un christ au tombeau, soit le corps d'un martyr ; le retable est remplacé par cinq arcades surmontées de trois clochetons. Des statues polychromées fort médiocres, qui seront certainement remplacées, relèvent, par la vivacité de leurs couleurs, la blancheur éclatante de l'ensemble.

Cet autel a été vendu 25000 francs à l'église Notre-Dame de Boulogne-sur-Seine, près Paris.

Deux cent cinquante ouvriers sont occupés dans la marbrerie et les chantiers de constructions publiques et privées entreprises par M. Jacquemin, dont la scierie à vapeur pour la pierre et le marbre est située à Montigny-lès-Metz.

Du cabinet de M. Jacquemin et de ses bureaux sont sortis cinquante-sept projets de construction, de restauration ou d'agrandissement d'églises situées dans le département de la Moselle, parmi lesquelles il faut surtout citer l'église de Preisch. Il dirige en ce moment la reconstruction de l'église Saint-Epvre, à Nancy, d'après les projets de M. Morey, architecte de la ville.

———

MM. ADT FRÈRES, A FORBACH.

Des nombreuses fabriques de tabatières en carton qui existaient autrefois, il ne reste plus que la maison fondée par MM. Adt, à Forbach, en 1842. Encore ont-ils dû transiger avec le goût moderne en variant à l'infini la destination de leurs cartonnages.

Il faut examiner leur vitrine pour se figurer la quantité prodigieuse des petits objets dont l'ensemble représente une consommation annuelle d'environ 60000 kilogrammes de carton. On y trouve de tout : plaques de brosses, porte-cigares avec incrustations de nacre, porte-monnaie jouant supérieurement l'écaille, plateaux peints et laqués à la chinoise, boîtes à sucre, bonbonnières, coffrets à bijoux et à gants, plats de livres, baguettes de miroirs, cache-pots, et enfin quelques tabatières, dernier hommage rendu à une tradition mourante. On voit, par cette énumération, que le classement primitif de ces produits était faux, car ils portent le n° 40 de la classe 91. Le jury, qui leur a décerné une médaille de bronze dans la classe 26, a rectifié cette erreur.

MINISTÈRE DE LA GUERRE.

Les produits exposés dans les deux tentes et dans le parc du ministère de la guerre ne sont pas portés au catalogue. Cependant beaucoup sont dignes d'une mention toute spéciale.

Nous avons remarqué : 1° un *Pont-levis du système Poncelet*, provenant de la galerie de modèles de l'École d'application ;

2° Un spécimen de tranchée pour l'attaque des places, provenant des modèles de l'arsenal du génie ;

3° Un trophée d'outils pour le génie, fabriqués à l'arsenal de Metz ;

4° Un fourneau de cuisine pour un bataillon, venant de la maison François-Vaillant.

On ne saurait, enfin, passer sous silence le *Télomètre à prismes*, de *M. Goulier*, chef de bataillon du génie, professeur de topographie et de géodésie à l'École d'application.

Cet instrument, construit par Belliéni, opticien à Metz, sert à mesurer la distance d'un point donné à un but inaccessible ; il est basé sur la mesure du triangle. Grâce à son emploi, on peut obtenir, en deux ou trois minutes, la distance au but avec des erreurs *maxima* de 25 mètres pour 1 000 mètres.

Le fonctionnement en est tellement simple, que les officiers et sous-officiers, instruits de son emploi, ont pu s'en servir après une demi-heure d'apprentissage. Les seules conditions imposées aux observateurs sont : une bonne vue, l'habitude de pointer et un peu d'adresse manuelle.

Une médaille d'or de 1 500 francs a été décernée à M. Goulier, par S. Exc. le Maréchal ministre de la guerre, et le jury de la classe 12 lui a accordé une médaille de bronze. — C'était le moins qu'il pût décemment faire pour un appareil appelé à rendre d'importants services.

MINISTÈRE DE L'AGRICULTURE, DU COMMERCE
ET DES TRAVAUX PUBLICS.

Vers le milieu de la grande galerie des machines, se trouve une remarquable série de petits modèles, exposés par ce ministère ; le seul qui nous intéresse directement représente, à l'échelle de 4 centimètres pour mètre, le *pont-canal* de la Sarre, qui passe au-dessus de l'*Albe,* près Sarralbe.

Ce pont se compose de deux parties distinctes : — 1° les supports, qui sont en maçonnerie ; — 2° la superstructure, qui est en fer.

L'emploi du fer pour la superstructure offre les avantages suivants :

Étanchéité parfaite pour la cuvette, mettant toute la construction à l'abri des filtrations, qui sont une cause de ruine ; réduction de la hauteur de l'ouvrage à son plus strict minimum, tout en réservant aux crues de la rivière un débouché plus grand et plus facile ; et, enfin, économie d'environ 200 000 fr., provenant surtout de la diminution du relief des remblais dans toute la traversée de la vallée.

Ce pont a 47^m,60 de longueur et 11 mètres de largeur ; la voie d'eau ou cuvette a 6^m,80 de largeur et les deux chemins de halage chacun 2^m,10. Le vide de la grande arche est de 17 mètres, et celui des deux arches des rives de 12^m,50.

Ce pont-canal a été projeté et établi sous la direction de M. Bénard, ingénieur en chef, par M. Chigot, ingénieur ordinaire.

Il a coûté 148 000 francs.

Les Phares sont en grande faveur au Champ de Mars. Pour beaucoup la chose est nouvelle, car bien peu de personnes, surtout parmi nos compatriotes, ont pu se rendre un compte exact des systèmes employés pour guider les navigateurs en éclairant le littoral, les écueils et les entrées des ports.

Le sujet semble sortir de notre cadre, il s'y rattache cependant par deux points ; car un de nos jeunes concitoyens, *M. Ed. Colin,* conducteur des ponts et chaussées, a pris une très-large part aux travaux d'installation des phares français exposés dans le parc. En outre, les fers du grand phare des Roches–Douvres, érigé sur un rocher au milieu du lac, et ceux du petit fanal de la berge de la Seine, près du pont d'Orsay, ont été fournis par les *usines de MM. Dupont et Dreyfus, à Ars.*

Tous les soirs, l'illumination des trois phares offre un merveilleux spectacle aux promeneurs du Champ de Mars : en même temps que le grand phare des Roches–Douvres signale au loin l'Exposition par ses éclats, le petit *feu de port,* comme une étoile de rubis, anime le bassin des embarcations de plaisance. De son côté, près de la grande porte d'Iéna, le phare électrique promène son étincelante lumière sur la façade du Cercle international et sur tous les objets qui l'avoisinent, les faisant sortir de l'ombre pour les illuminer tout à coup d'une façon magique.

Au phare des Roches–Douvres et au fanal de la berge, la lumière émane d'une lampe à huile placée au foyer principal d'un système de lentilles en verre de Fresnel.

L'éblouissante lumière qui leur fait une concurrence écrasante est due à l'électricité née de l'induction magnétique. Une machine à vapeur locomobile met en mouvement la machine magnéto-électrique qui, par la rotation de bobines composées de fils de cuivre isolés et enroulés sur des cylindres en fer doux, tournant rapidement entre des aimants, produit un courant électrique d'une intensité considérable. Ce courant est conduit à deux crayons de carbone à pointes opposées, entre lesquelles jaillit l'étincelle, rendue fixe au moyen d'un appareil régulateur.

C'est, on le voit, faire de la *lumière* avec de la *force.* Ici la force est donnée par un moteur à vapeur, dont l'aliment principal est la houille. N'est-il pas curieux de voir ce morceau de charbon rendre au soleil la lumière qui lui a donné la vie, il y a des milliers d'années, lorsqu'il était à son premier état, et devenir, on peut le dire, presque un soleil ; car la lumière émergée à travers les prismes lenticulaires des phares électriques tournants, vaut plus de soixante-dix mille becs de carcel, c'est-à-dire près de six cent mille bougies !

ADMINISTRATION DES FORÊTS ET DIRECTION GÉNÉRALE DES TABACS.

Notre département a sa part dans les expositions de ces deux administrations.

Plus de 120 000 hectares de très-belles *Forêts* couvrent encore ses divers arrondissements, surtout vers Bitche, Briey et Longuyon.

Elles sont représentées par les échantillons des différentes essences qui les peuplent. Sur chaque bloc, se trouve le nom de l'arbre, ainsi que les indications de provenance et de sol.

L'obligeance de MM. les employés supérieurs de la culture et de la manufacture du *Tabac* nous permettra de placer ici quelques chiffres intéressants pour ce nouveau débouché offert à notre industrie agricole.

Par décision du 15 novembre 1854, S. Exc. le ministre des finances avait autorisé l'essai de la culture du tabac dans le département de la Moselle ; l'expérience eut lieu l'année suivante avec un plein succès. — Trente-deux planteurs avaient récolté sur 9 hectares 43 ares, 12 105 kilogrammes de tabac en feuilles, qui leur furent payés 9 687 fr. 80 cent.

Aussi, un décret du 23 août 1859 a-t-il autorisé la culture du tabac, pour l'approvisionnement des manufactures impériales, dans le département et, spécialement, dans les arrondissements de Metz et de Sarreguemines.

Depuis, les cultivateurs ont tellement eu à se féliciter de ce débouché nouveau, qu'en 1866, trois mille d'entre eux cultivaient 347 hectares 69 ares, donnant 598 488 kilogrammes de tabac en feuilles, qui, classé suivant les neuf classes payées par l'administration, de 10 francs à 140 francs les 100 kilogrammes, rapportaient une somme de 386 489 fr. 80 cent.

En attendant la manufacture impériale, qui doit être enfin construite sur l'emplacement d'une partie des anciennes fortifications du front Saint-Vincent, l'administration a installé, depuis 1862, une manufacture de cigares dans les bâtiments de l'ancienne Abbatiale. On y fabrique des cigares à cinq et à dix centimes, dont partie est consommée dans le département et dont le surplus est expédié à Paris.

La manufacture emploie quatre cent soixante ouvriers ou ouvrières, gagnant en moyenne 1 fr. 30 c. à 1 fr. 35 c. par journée de dix heures ; dans cette moyenne se trouve compris le salaire des apprenties.

La production est de 82500 cigares par jour, et 180000 kilogrammes de tabac en feuilles sont livrés à la consommation annuelle.

Nous extrayons d'un article du *Moniteur universel* du 11 août, sur l'Exposition : *les Tabacs en France*, le passage suivant, concernant un de nos compatriotes de la Moselle :

Outre les machines qui se rapportent d'une manière directe aux procédés de la fabrication des tabacs, l'administration a exposé divers appareils, inventés par ses ingénieurs, utilisables dans l'industrie.

Nous signalerons le régulateur de *M. Rolland,* aujourd'hui directeur général des manufactures de l'Etat.

Diverses tentatives ont été faites pour rendre isochrone le régulateur des machines à vapeur, c'est-à-dire pour maintenir constante la vitesse des machines correspondant aux divers états d'équilibre du régulateur.

M. Rolland a donné une solution de ce problème mécanique sans recourir, comme on l'a fait jusqu'à ce jour, à l'emploi de ressorts ou de contre-poids variables, emploi qui présente toujours des difficultés d'exécution sérieuses.

L'isochronisme n'est pas la qualité la plus essentielle des régulateurs. Il faut encore que ces appareils, tout en étant très-sensibles, soient à l'abri de ces oscillations continuelles que les praticiens désignent sous le nom d'oscillations à longues périodes. M. Rolland, par un complément particulier des boules de son appareil, arrive à réduire au minimum l'inertie du système, et lui donne ainsi les qualités précieuses du régulateur dit *para-*

bolique dont la réalisation pratique a jusqu'ici présenté des difficultés insurmontables.

PRODUITS CHIMIQUES ET PHARMACEUTIQUES.

La Moselle est représentée dans la classe 44, par trois exposants; qui sont :

1° *MM. Potain et Cie*, fabricants de minium de fer.

Leur usine de Sainte-Sophie fut construite en 1864 à Corny (Moselle). Elle est dirigée par M. A. Simon, chimiste, l'un des associés ; une machine à vapeur de 20 chevaux y fait mouvoir les concasseurs, meules et broyeurs, et douze ouvriers, gagnant de 60 à 80 francs par mois, transforment des ovoïdes du lias du bassin de la Moselle et des galettes ferrugineuses en peroxydes de fer, dit minium de fer, dont 500 000 kilogrammes par année, s'écoulent en Belgique, Suisse, Prusse et France. C'est surtout en Belgique que ce produit est le plus goûté. Cependant les ateliers des chemins de fer de l'Est français emploient exclusivement le minium de fer pour la peinture du fer et du bois de tous les wagons.

La vitrine d'exposition de M. Potain se trouve dans le milieu de la salle des produits chimiques ; elle est garnie de bocaux de minium et de pièces en zinc, cuivre, fer et bois de diverses essences, peintes au minium. Malgré l'avenir dont il est digne, ce produit n'a pas été distingué, probablement parce que MM. Potain et Cie étant les seuls exposants de leur spécialité, il n'a pas pu être fait de comparaison.

2° *M. Winsback* (Ch. N.), pharmacien à Metz, occupe, dans la salle des produits chimiques et pharmaceutiques, le n° 327 de sa classe. Il a exposé: 1° sept flacons de *fleurs employées en pharmacie* qui ont conservé toutes leurs couleurs et leurs propriétés, grâce à un système particulier de dessiccation et de conservation.

Après avoir été mondées très-soigneusement, les plantes sont mises sur claies de métal dans un calorifère à air chaud où elles restent exposées, vingt-quatre heures, à une température moyenne de 36 degrés. On les conserve ensuite dans des bonbonnes en fer-blanc où elles sont à l'abri de l'air et de la lumière.

Ne s'occupant de la dessiccation des plantes que pour les besoins de sa pharmacie, M. Winsback est à même de donner des soins minutieux aux diverses opérations par lesquelles lesdites plantes doivent passer. Sa dessiccation porte annuellement sur environ 2000 kilogrammes de plantes fraîches.

C'est de la même officine que sortent plusieurs flacons et bouteilles de miel Rosat ou *mellite de roses rouges*, remarquable par sa magnifique couleur carminée qu'il doit exclusivement à la matière colorante de la rose de Provins. L'exposant nous a certifié que ce produit était composé suivant les proportions du Codex français, sans addition d'aucune sorte. Quant à la préparation, il a fallu de longues recherches à MM. Winsback père et fils, pour obtenir cet excellent produit dans d'aussi belles conditions.

Je dois ajouter ici que, malgré une exposition de plusieurs mois, et à la chaleur et à la lumière solaire, soit dans les bâtiments de notre exposition de 1861, soit à la devanture de l'officine de l'exposant, le miel Rosat n'a rien perdu ni de sa magnifique coloration ni de son astringence naturelle.

Le jury international de 1867 a décerné à M. Winsback une mention honorable.

3° **MM.** *Tessié du Motay et Ed. Karcher*, exposent dans la vitrine n° 296, des bocaux de soude et de potasse caustique, d'acide fluosilicique, de fluosilicate de soude de potasse et de baryte.

Tous ces produits, auxquels le jury a décerné une médaille d'or, proviennent de l'usine que ces messieurs font terminer en ce moment à Grosbliederstroff, usine dont le plan se trouve dans la classe 51, à gauche de la porte de Normandie, en allant des *machines* aux *matières premières*. Le plan et l'usine ont été faits sous la direction de notre compatriote Girard, ingénieur sortant de l'École centrale.

Nous avons recueilli quelques détails sur la production de ce nouvel établissement.

Depuis longtemps déjà, les savantes recherches de MM. Deville, Lechatelier, Kessler, etc., ont démontré que l'acide fluosilicique, s'il pouvait être produit économiquement, remplacerait avec de très-grands avantages l'acide sulfurique dans les grandes industries de la potasse et de la soude.

Ce problème, M. Tessié du Motay a fini par le résoudre en passant par la série des opérations suivantes :

Il fit fondre dans un creuset brasqué un mélange de deux équivalents de silice, de trois équivalents de fluorure de calcium, de quatre équivalents de carbone, et il constata qu'à la température de fusion de la fonte de fer, il se produisait une grande quantité de fluorure de silicium. Analysée, la lave, résidu de la calcination, démontra que le fluorure de calcium avait cédé 52 p. % de son fluor.

Convaincu par ces expériences préliminaires de la possibilité de la production industrielle du fluorure de silicium, M. Tessié du Motay fit, avec le concours de M. Ed. Karcher, de Sarrebruck, dans un cubilot des usines d'Ars-sur-Moselle, un premier essai de réduction, couronné d'un plein succès, et l'on procéda immédiatement à la construction d'un haut-fourneau pour la production sur grande échelle : 1° du fluorure de silicium et de l'acide fluosilicique; 2° de la potasse caustique et du carbonate de potasse, extraits par la réaction fluosilicique du chlorure de potassium des mines de Statsfurth. La quantité d'acide fluosilicique obtenue dans ce haut-fourneau, à Grosbliederstroff, près Sarreguemines, est déjà assez grande pour que, dans quelques mois, on soit en état de livrer chaque jour au commerce, à prix réduit, 1 000 kilogrammes de potasse.

Ce procédé de fabrication très-efficace, puisqu'on recueille en acide fluosilicique 68 p. % au moins du fluor contenu dans le fluorure de calcium, est en même temps très-simple. Il consiste : 1° à pétrir et à mouler, comme on moule les briques, du charbon avec un mélange de silice, d'argile et de fluorure de calcium, en quantités proportionnellement équivalentes à la production, après fusion dans le haut-fourneau, de l'acide fluosilicique, avec formation d'un silicate bibasique d'alumine et de chaux; 2° à mélanger les briquettes avec la proportion du coke nécessaire à la fusion; 3° à remplir du tout un haut-fourneau fermé par un double sas pour empêcher le passage du gaz par le gueulard; 4° à provoquer la fusion des briquettes par un feu intense qu'active une forte soufflerie, et à recueillir les gaz au sein d'un récipient conduisant à des condenseurs à surfaces sans cesse mouillées, de telle sorte que le contact immédiat de l'eau détermine la décomposition rapide du fluorure de silicium et sa conversion en acide hydrofluosilicique.

PHOTOGRAPHIE.

Les deux salles de la classe 9 sont situées dans la deuxième galerie, entre les rues de Flandre et de Normandie.

Le seul exposant messin est là, *M. Malardot,* qui a, sous le n° 109 , trois épreuves photographiques , représentant *un Intérieur de chenil,* un charmant *Buste de jeune fille* et *un Enfant jouant avec une perruche.* Elles nous offrent les seuls *grandissements sans retouches et sur fond blanc* que nous ayons vus à l'Exposition. — C'est par un appareil de son invention que M. Malardot obtient ce résultat.

M. G. Malardot est né à Metz ; il est élève, pour la peinture et le dessin, de M. Cathelinaux; il a étudié la photographie avec M. Petitjean. Installé depuis 1862, place de Chambre, n° 7, ses ateliers sont des plus beaux et des mieux aménagés. On y voit déjà plus de 14 000 clichés et il en sort près de 37 000 cartes par année. M. Malardot opère au sel d'argent sur papier de Saxe. Tous ses appareils sont français et proviennent pour la plupart de la fabrique d'Hermagis.

Dans le livret, au n° 165, on trouve les noms de MM. Tessié du Motay et R. Maréchal pour leurs photographies vitrifiées et leur phototypie. Nous en avons rendu compte, à la suite de leurs vitraux, dans l'article que nous leur avons spécialement consacré.

CÉRÉALES ET PRODUITS FARINEUX.

Quoique *M. E. Bouchotte père* ait seulement loué à la ville, depuis 1837, le moulin des Onze-Tournants, c'est à lui qu'on doit l'installation de toutes les machines accessoires, telles que tarares, bluteries, monte-sacs , transmissions de mouvement, etc. Ce moulin est du système dit anglais; mais les roues hydrauliques sont du système de M. le général Poncelet.

Longtemps, l'établissement fut un moulin mixte, c'est-à-dire travaillant partie à façon et partie pour le compte du fermier. En 1858 , époque à laquelle M. Bouchotte a renouvelé son bail pour une période de douze à dix-huit années en y ajoutant le moulin des Quatre-Tournants, et en s'associant son fils, M. Émilien Bouchotte , le moulin a commencé à marcher exclusivement pour le compte des bailleurs.

Cette transformation est due surtout à l'extension du rayon dans lequel l'augmentation du réseau des chemins de fer a fait entrer les farines de Metz. Leur marché est aujourd'hui presque illimité. Il s'étend jusqu'à Paris, Lyon, Marseille, la Belgique, l'Algérie, les provinces rhénanes, la Suisse, la Hollande et l'Angleterre. Cependant, les ventes faites à la boulangerie locale sont doubles de celles qui sont faites pour l'exportation.

Cent mille quintaux de blé sont moulus annuellement par les quinze tournants des deux usines. Cette denrée est fournie principalement par la culture du département qui récolte assez de blé pour pourvoir non-seulement aux besoins de sa population , mais encore, en supposant une année moyenne, à une exportation que l'on peut évaluer à 5 ou 600 000 quintaux. En cas de hausse, les blés se tirent des marchés des bords du Rhin , alimentés par l'Allemagne , la Hongrie et la Pologne. Dans des cas de cherté excessive, on a recours aux blés de l'Algérie, de l'Espagne, de la Baltique et de l'Amérique.

L'importance des ventes annuelles faites par MM. Bouchotte dépasse maintenant 3 000 000 de francs. Ils ont apporté de nombreux perfectionnements aux moyens de fabrication, parmi lesquels on distingue des machines à nettoyer les grains, à mélanger les farines, des aspirateurs et des épurateurs, tous des systèmes les plus perfectionnés.

Leur exposition (n° 17 de la classe 67) a obtenu *une médaille d'argent ;* elle se compose de cinquante bocaux contenant divers échantillons de blés et d'*issues*, de farines, recoupettes et sons. Le tout est de provenance étrangère ; car, du mois d'octobre 1866 au 1er mars 1867, en raison de la faiblesse de la récolte, l'établissement a dû tirer de l'étranger la presque totalité des blés qu'il a moulus. De là, il est résulté de grandes difficultés pour opérer une bonne mouture ; les provenances étant diverses, on a dû se livrer à des tâtonnements continuels pour arriver à leur meilleur emploi.

PELUCHES DE SOIE.

Peu de personnes savent que, de tous nos départements, celui de la Moselle est le premier où ait paru la peluche de soie. Cet essai remonte à 1828. C'est seulement plusieurs années après que des maisons du Rhône entreprirent la même fabrication avec des contre-maîtres pris dans l'arrondissement de Sarreguemines. Malgré de nombreuses vicissitudes, cette industrie fait encore vivre, chez nous, plus de deux mille pauvres familles.

Trois de nos fabricants figurent au grand concours de cette année.

MM. Massing frères ont fondé, en 1833, à Puttelange, leur fabrique de peluches pour chapeaux, dont la teinturerie est à Sarralbe.

La soie et le coton sont les matières premières employées. La France et l'Italie produisent les soies organsins ; les Indes et la Chine fournissent les soies grèges. Ces deux sortes de soies sont ouvrées spécialement pour l'article peluches. Le coton des trames est de toute provenance.

La production annuelle est d'environ 220 000 mètres de peluches de toutes qualités, d'une valeur de près de 2 000 000 de francs ; elles se placent principalement en Angleterre et en Amérique.

En 1834, la maison occupait quarante ouvriers ; elle en compte aujourd'hui douze cents des deux sexes, dont le salaire journalier s'élève jusqu'à 4 francs. Depuis 1850, on a établi à Puttelange de vastes ateliers, dans lesquels les métiers sont mus par la vapeur, de même que les machines à bobiner, à canetter les cotons, à calandrer, les tondeuses, les apprêteuses et les baguetteuses. Nous devons ajouter que des ateliers spéciaux fonctionnent dans l'usine même pour la construction et le montage des métiers.

Depuis 1834, MM. Massing ont concouru à toutes les expositions nationales et universelles ; leur médaillier, déjà fort riche, a dû se rouvrir encore cette année pour recevoir une médaille d'argent, et la croix de la Légion d'honneur, décernée à M. Nicolas Massing, pour « *Supériorité dans la teinture des peluches. Initiative et perfectionnement dans la fabrication.* »

Les produits exposés dans la vitrine nº 83 de la classe 31 sont : 1º des peluches de soie noire pour chapeaux d'hommes ; 2º des peluches à longs poils de six couleurs différentes ; — cette nouveauté, dont M. Massing possède le brevet, prend le nom de *Peluche–Pelleterie.*

MM. Huber–Pauly et Cie, à Sarreguemines (nº 84). — Bien que fondée en 1861, cette maison est en droit de prendre la date de 1833, — époque à laquelle M. Huber était associé avec M. Massing, sous la raison Massing, Huber et Cie. Une partie de son matériel vient de cette ancienne maison.

La Société nouvelle fait annuellement pour près de 1 500 000 francs d'affaires.

Elle emploie 6 000 kilogrammes de soie et 12 000 kilogrammes de coton. Une machine à vapeur, de la force de 14 chevaux, met en mouvement les différents engins, parmi lesquels on remarque une machine à étirer les soies, d'un système particulier. On compte quatre-vingts métiers doubles mus à bras, cent soixante-huit broches pour dévidage des cotons et cinq cents broches pour dévidage des soies.

Si les métiers sont mus à bras, c'est qu'une expérience de dix années a démontré à MM. Huber-Pauly et Cie les avantages particuliers attachés à un mode moins expéditif.

La maison emploie un millier d'ouvriers qui, travaillant au métier double pièce, gagnent de 4 à 5 francs par journée de dix heures. Il est réellement curieux d'y voir passer la soie jaune et le coton par les diverses phases de fabrication nécessaires pour livrer au commerce une peluche noire, renommée pour son ton vert-bleu, pour sa souplesse et sa douceur à la main, — qualités qui ont fait décerner à MM. Huber-Pauly et Cie une médaille d'argent au grand concours de cette année.

Les peluches de soie noire et le médaillier de la vitrine 82 appartiennent à la maison *G. Lacour*, de Sarreguemines, la plus ancienne du pays ; — elle a été fondée en 1829 sous la raison Barth et. Cie. — Le jury de cette année l'a honorée d'une mention.

FOURRURES.

Des circonstances particulières ont modifié l'importance de l'exposition de *M. G. Beller*. Cependant ses produits prouvent à quel point l'industrie de la fourrure est pour lui un art véritable. On remarque son tapis-tableau représentant la façade principale de la gare du chemin de fer de l'Est à Metz, et sa magnifique bannière aux armes impériales ; en 1866, elle décorait la devanture du magasin que M. Beller possède à Nancy. Ces deux pièces sont placées dans la salle des fourrures (galerie 4), au-dessus de la porte de la salle de la chaussure.

Dans la vitrine de M. Laborde-Bois, à gauche de la même porte, on voit aussi *un manchon* de l'invention de M. Beller. Grâce à sa doublure, rendue mobile au moyen d'un système de lacets, nos frileuses pourront désormais assortir leurs manchons à leurs toilettes, ce qui n'est pas un mince avantage par les modes changeantes qui courent.

M. Beller est établi à Metz depuis 1844. En 1852 il a monté

et confié à M. Hurlin, son associé, une fabrique de matières premières pour la chapellerie. Dix ans après, il prenait la suite des affaires de M. Brusseaux-Paixhans et il occupe aujourd'hui une cinquantaine d'ouvriers dans ses divers ateliers. Enfin, vers 1861, l'acquisition du fonds de M. Liebing, de Nancy, a réuni dans ses mains la direction de deux maisons fort estimées pour la pelleterie et la fourrure; elles font de très-fortes expéditions dans toute la France et même à l'étranger.

CUIRS ET PEAUX.

M. R. Sendret fils est le seul exposant de la Moselle dans la classe 46. Cependant notre tannerie et notre corroierie sont importantes; plus de quatre-vingts tanneries sont échelonnées sur les nombreux cours d'eau du pays; surtout à Sierck, Boulay, Saint-Avold, Thionville et Metz. Bien qu'ils ne nous aient pas permis d'en juger, M. Sendret doit occuper un fort beau rang parmi ses confrères.

La maison a été fondée en 1824 par M. Sendret père qui avait longtemps travaillé à Paris et à Londres. Son fils a pris la direction en y ajoutant la tannerie de Saint-Julien, près Metz, aujourd'hui complétement transformée.

Deux cents ouvriers sont employés par M. Sendret; ils gagnent de 2 à 5 francs par jour et la somme annuelle, à eux versée pour façons ou salaires, ne monte pas à moins de 150 000 francs. Ce nombreux personnel sera encore augmenté prochainement, car de grands ateliers en construction devront être occupés.

Le travail est rendu beaucoup plus facile aux ouvriers, par de puissantes machines à rebrousser, à fouler, à comprimer les cuirs avant et après le tannage, etc.

Chaque année, il sort des tanneries et corroieries de la maison Sendret : 25 000 peaux de chevaux, 20 000 peaux de vaches et 25 à 30 000 peaux de veaux toutes préparées pour la cordonnerie et la sellerie. Les cuirs des chevaux proviennent des clos d'équarrissage de l'Est, de Paris et de Bordeaux ;

les peaux de vaches et de veaux s'achètent dans la contrée, et les autres cuirs se tirent de toutes les autres provinces de la France.

On sait que la tannerie a fait peu de progrès dans le travail chimique, aussi les agents employés sont-ils toujours les mêmes : de l'eau, de la chaux et de l'écorce de chêne pour le tannage ; et pour la corroierie des huiles de poisson, du suif et du dégras.

Les 40 000 fagots d'écorce de chêne employés annuellement sont tirés des forêts situées dans un rayon de dix à douze heures de Metz.

Les produits fabriqués s'écoulent dans la France entière, en Allemagne et en Belgique ; et une notable partie des cuirs employés par la cavalerie de France et d'Algérie, est fournie par cette maison.

Le chiffre annuel des affaires dépasse 1 500 000 francs.

L'exposition de M. Sendret porte le n° 92 de la classe ; elle offre un spécimen de tous ses produits : des croupons de vache corroyés, des croûtes cirées provenant du fendage de ces mêmes croupons, des culées de chevaux lissées, des cuirs lissés pour semelles, des fausses tiges de cavalerie en veau et en cheval, et, enfin, du cheval corroyé et égalisé.

M. Sendret a été jugé digne d'une médaille de bronze. C'est la première récompense qu'il ait obtenue : elle le déterminera, sans doute, à marcher toujours d'un pas aussi ferme dans la voie du progrès. Il y a quelques mois, du reste, on se rappelle que l'Association scientifique, réunie à Metz, a visité avec intérêt l'établissement de Saint-Julien. Les comptes rendus de la Société et de la presse locale en avaient multiplié l'honorable témoignage.

Je me reprocherais de ne pas insister ici sur l'administration toute paternelle de cette importante maison. Les ateliers sont régis par un règlement établi par le Conseil des Anciens, lesquels tiennent à honneur d'en être les fidèles observants ; ce règlement punit les absences du lundi, le manque au travail, etc. ; les amendes qui en résultent sont une source de secours pour les malades, ainsi que pour les veuves et les orphelins. En outre, les quinze hommes attachés au service des machines ou exposés par leur travail à quelque danger, sont assurés à une compagnie.

De pareilles mesures ne sauraient être trop louées. C'est avec leur protection que les patrons éclairés bravent les grèves de l'avenir.

BEAUX - ARTS.

ÉCOLE MUNICIPALE DE DESSIN.

A la suite du concours ouvert entre les écoles de France, quarante de ces établissements, sur environ six cents, ont été admis à la classe 90. Une place honorable y est occupée par notre École municipale : son exposition est, sous le n° 261, disposée dans la deuxième salle de la classe de l'enseignement (galerie du matériel des arts libéraux), près des colonies françaises.

Au-dessus de la porte d'entrée, on voit quatre académies au fusain : deux d'après le plâtre, deux d'après nature.

Au-dessous, à gauche, sur une étagère placée contre la muraille, se trouvent sept pièces de modelage, d'après l'ornement et la figure.

Le cinquième casier, aussi à gauche de la porte, contient deux albums. Le premier offre les spécimens du travail des élèves depuis les éléments du dessin d'art jusqu'aux travaux les plus avancés.

Les uns sont exécutés au crayon noir ; les autres, exécutés au fusain, ont été, en raison de leurs grandes dimensions, réduits par les soins de notre photographe Malardot.

Le second album est consacré au dessin graphique : dessin géométrique, épures de perspective, feuilles détachées de cahier de croquis, dessin d'architecture et de mécanique d'après les levers des élèves, lavis, cartes, dessins à la plume, etc., tout s'y échelonne, gradué du faible au fort.

L'ensemble des œuvres que nous venons de détailler a fait classer notre école *la sixième de celles de France*, et le jury lui a décerné une *médaille de bronze*. Cette distinction n'a rien d'exagéré, si on se reporte aux longs et utiles services qu'elle a rendus.

Son origine remonte à 1809. Son unique professeur était alors M. Madot qui donna les premières leçons gratuites dans un local appartenant à la ville.

En 1814, M. Dupuy fut le successeur désintéressé de M. Madot; en 1815, il obtint une gratification, puis des appointements; en 1854, il se retira avec une retraite de 1 500 francs.

Sous la direction de M. Dupuy, l'école municipale de dessin acquit une certaine importance. On s'y livrait même à des luttes de prééminence entre le dessin d'art et le dessin graphique. Vers 1836, régnait le compas; vers 1844, M. Pioche fils cherchait à relever le dessin d'art; mais, bientôt fatigué, il léguait à M. Migette la continuation de sa croisade. Après dix-huit ans de professorat et de direction, M. Migette prit sa retraite avec le titre de directeur honoraire et l'enseignement de l'école fut ainsi reconstitué.

Dessin d'art ou d'imitation :

MM. Devilly, directeur et professeur de dessin ;
     Désange, professeur de dessin ;
     Pêtre, professeur de dessin et de modelage.

Dessin graphique ou industriel :

MM. Baur, directeur et professeur ;
     Muller, professeur.

Les six cours de dessin d'art ont réuni cet hiver cinq cent soixante-deux élèves, y compris les adultes, les modeleurs et les enfants des écoles mutuelles; — trois cent soixante-dix élèves ont suivi les quatre cours de dessin graphique.

Inutile d'ajouter que l'enseignement des deux dessins est parfaitement approprié aux besoins de la ville et du département. Cela est prouvé par les expositions annuelles et par la facilité avec laquelle les jeunes gens trouvent à se placer à la fin de leurs études.

PEINTURE ET SCULPTURE.

Dans ces deux importantes sections des Beaux–Arts, notre département n'est représenté que par quatre exposants, qui habitent Paris, et sont pour ainsi dire étrangers à la Moselle.

Ce sont : *Mme Renard de Buzelet*, *M. Magy*, *M. Wéber* et *M. Yvon*, que le village d'Eschwiller a l'honneur de compter parmi ses enfants.

L'école de Metz, qui avait seule droit à notre examen, n'a donc rien envoyé. Qu'elle reçoive ici la publique expression de nos regrets. Ses représentants sont cependant assez nombreux ; et leur talent aurait certainement pu leur inspirer des œuvres dignes de figurer dans les sept salles réservées à la France.

Quand nous signalons M. A. Wéber, de Boulay, comme presque étranger à la Moselle, notre dire est justifié par ce jeune artiste lui–même qui, en s'abstenant de désigner M. Migette comme son premier professeur, semble ne pas vouloir se rappeler qu'il a été élève à l'école de dessin de la ville de Metz, et que, depuis tantôt cinq ans, il est entretenu à Paris au frais du département.

COSTUMES POPULAIRES.

Le Comité de la Moselle n'a pas le bonheur — nous ne savons pourquoi — de figurer au catalogue de la classe 92. On remarque cependant dans la *salle des costumes*, contre la cloison du milieu, quatre dessins rehaussés à la gouache par M. A. Migette :

1° Marchande de légumes de la banlieue de Metz ;
2° Paysanne des environs de Metz ;
3° Villageois de la Lorraine allemande ;
4° Femmes des environs de Sierck.

Si nos informations sont exactes, ces types ne représentent qu'une partie de la collection spéciale formée par l'auteur en vue de l'Exposition. Mais, vis-à-vis des exigences ruineuses de la Commission, qui avait taxé le mètre carré à 250 francs, il a bien fallu se contenter d'un espace trop restreint.

M. Migette était le seul artiste aux souvenirs duquel on pût devoir ces spécimens de costumes, de plus en plus rarement portés. Depuis 1814, il a quitté Trèves pour habiter Metz, où, pendant dix-huit ans, notre école municipale l'a eu pour professeur. Le théâtre lui doit, depuis longtemps, tous ses décors, et il est professeur de dessin d'art au lycée. En dehors de ces diverses fonctions, il n'a cessé de donner des preuves d'intérêt à sa ville adoptive. Tout dernièrement encore, il faisait don à la municipalité de tous ses dessins et tableaux d'histoire locale. On a disposé, à l'hôtel de ville, trois salles pour ce musée, probablement unique en France.

MUSIQUE.

En furetant dans les vitrines de la classe 89, nous avons découvert, modestement caché sous son étiquette, un volume de l'excellente *Petite grammaire musicale* de *M. Mouzin*, directeur de notre succursale du Conservatoire. Le jury, auquel on ne peut refuser tout à fait le mérite d'avoir su remarquer cette pauvre abandonnée, ne lui a décerné qu'une mention honorable, — récompense, selon nous, inférieure au mérite d'un ouvrage si utile et déjà si répandu.

Voici ce qu'en disait, en 1865, M. Ch. Poirson, dans la *Revue de l'instruction publique :*

On vient tout récemment de publier une *Petite grammaire musicale* qui est destinée, croyons-nous, à un grand et légitime succès. Ce n'est point une doctrine nouvelle qu'on offre au public, ni un système particulier de notation musicale; l'auteur, M. Mouzin, directeur du Conservatoire de Metz et compositeur distingué, n'a d'autres principes que ceux qui sont universellement adoptés et qui sont les meilleurs; seulement il les expose sous une forme qui lui est propre, et d'après une méthode dont l'expérimentation n'est plus à faire, puisqu'elle est en usage depuis plus de vingt années dans une école qui a fait ses preuves et qui a formé de nombreux et d'excellents élèves.

Sous un titre modeste, trop modeste peut-être, M. Mouzin nous présente un cours complet de musique élémentaire. Sa grammaire n'a rien de commun, en effet, avec tous ces opuscules : *Alphabet musical, Abécédaire musical, etc.*, qui ne sont véritablement que ce que leur titre indique, c'est-à-dire des recueils fort abrégés des signes et termes dont on fait usage en musique. Elle est divisée en deux parties : le livre du maître et le livre de l'élève ; un solfége gradué, comprenant cent trois morceaux à une, à deux et à trois voix, en forme le complément naturel et pratique.

La science musicale, personne ne l'ignore, fort simple d'abord, s'est peu à peu compliquée après l'invention des tonalités modernes et la découverte des lois de l'harmonie qui semblent avoir été complétement inconnues des anciens. Huit clefs différentes, vingt-quatre sortes de mesures et quantité de signes inutiles ou mal conçus, en avaient fait un art obscur, peu défini et presque incompréhensible. Le besoin de simplifier a singulièrement modifié les méthodes en usage depuis un siècle ; il faut reconnaitre cependant que plusieurs parties, notamment la tonalité et la mesure, sont restées encore passablement embrouillées et inabordables pour bien des intelligences d'une conception lente et difficile. C'est ce désir de simplifier et de ramener l'art à ses lois les plus naturelles, qui paraît avoir guidé M. Mouzin dans le travail qu'il offre au public.

Partant de ce principe que toutes les gammes possibles se ressemblent exactement dans leur composition, quelle que soit la note qui leur sert de point de départ, il initie tout d'abord l'élève à la connaissance pratique de tous les rapports de la tonalité, il « lui fait parler la langue musicale avant de lui en » enseigner les règles. »

Laissant de côté l'étude des signes par laquelle la plupart des méthodes ont coutume de débuter, il explique ce que c'est que le son, et quelle est la nature des différents intervalles qui existent entre tous les sons que notre oreille peut apprécier. L'étude du demi-ton, c'est-à-dire du plus petit intervalle usité, le conduit naturellement à l'étude de la gamme chromatique ; il passe ensuite à la gamme diatonique majeure et mineure et à l'étude des intervalles et de leurs renversements. Tous les exercices qu'il présente comme compléments de ses leçons théoriques, sont d'abord chantés en vocalisant. On voit que M. Mouzin prend le taureau par les cornes ; au lieu de reléguer à la fin de son enseignement l'étude de ces difficultés, ainsi que le

font presque tous les auteurs, il commence par les résoudre.
Cette méthode a l'avantage incontestable d'habituer les élèves à
la structure de la gamme dans les deux modes, et de leur per-
mettre d'en établir de nouvelles et sans hésiter, sur tous les
tons qu'on leur proposera comme toniques, c'est-à-dire comme
sons fondamentaux.

Fidèle à son système de résoudre, en débutant, les principales difficultés, il passe de l'étude des sons à celle de la mesure. Simplifiant encore ici ce que tant d'autres avaient pris à
tâche de compliquer, il établit que toutes les mesures pourraient
se battre à un temps, et il apprend ensuite à diviser les temps
en groupes binaires ou ternaires, sans autres indications de
mesure que le nombre des mouvements de la main.

Il n'y a rien, évidemment, dans cette méthode qui soit en-
tièrement nouveau; quoi qu'il en soit, elle peut être considérée
comme une innovation si on la compare à tant d'autres qui
persistent à suivre les vieux errements. Bien des gens ne pen-
sent-ils pas que le système de notation de M. le docteur Chevé
est une nouveauté? Et cependant, on peut le trouver en entier
dans les ouvrages de J. J. Rousseau, qui l'avait lui-même em-
prunté aux Grecs. On sait, en effet, que ces derniers n'avaient
pour exprimer les sons de leur musique que les lettres de l'alphabet qui leur servaient également de signes de numération.

Faire marcher de front l'étude de la tonalité et de la mesure,
telle est l'idée dominante de la grammaire musicale de M. Mouzin.
Mais ce serait singulièrement se tromper que de croire qu'elle
ne traite point les autres parties de l'enseignement. Après avoir
passé en revue tous les signes qui composent notre système
actuel de notation, après avoir traité de la modulation, de l'écri-
ture musicale, de la classification des voix et des instruments,
de la transposition et de l'enharmonie, il aborde encore des
matières plus relevées et qu'on n'a pas coutume de voir figurer
dans un ouvrage élémentaire. C'est ainsi qu'il consacre plusieurs chapitres au rhythme, à la mélodie et à l'harmonie, dont
il expose tous les premiers principes de la manière la plus suc-
cincte à la fois et la plus claire.

Après avoir épuisé toutes les questions qui ont rapport à
l'enseignement élémentaire, l'auteur en aborde encore d'autres
qui se rattachent plus spécialement à l'art du chanteur : la respiration, la vocalisation et la prononciation font l'objet de plusieurs chapitres. Il donne à cet égard d'excellents conseils qu'il
serait bien utile de propager, aujourd'hui, surtout, que les belles

traditions italiennes semblent complétement ignorées ou mé-
connues.

Comme complément obligé de sa méthode, M. Mouzin a pu-
blié un solfége raisonné renfermant de nombreux exercices
destinés à être chantés à une ou à deux voix, avec accompagne-
ment d'une basse obligée, qu'on peut cependant remplacer par
une troisième voix, quand cela est possible; ils sont composés
de telle façon « que l'élève arrive à connaître et à résoudre
progressivement la plus grande partie des difficultés que la lec-
ture musicale peut offrir. »

Pour tout homme impartial et qui a vraiment à cœur la pro-
pagation de la musique et des saines doctrines en France, le
travail de M. Mouzin doit être considéré comme un véritable
service rendu à l'enseignement; il renferme tout ce qu'il faut
pour devenir un bon musicien; la modicité de son prix le met
en outre à la portée des plus pauvres. Les professeurs qui ne
sont pas imbus de quelque fâcheux esprit de système, y trouve-
ront une marche nettement tracée et facile à suivre; les élèves,
un auxiliaire indispensable de toute bonne étude musicale.

La tâche que nous nous étions imposée se termine ici.
Arrivé à la fin de ces articles ou plutôt de cette longue et
aride nomenclature, le rédacteur croit devoir dire, qu'il a
voulu renseigner et non divertir. Il a sacrifié constamment la
périphrase au mot technique; il n'a omis ni un chiffre, ni une
date, il s'est fait sec et monotone comme un livret. Son
unique préoccupation a été de désigner avec certitude et de
ne pas s'égarer au delà des limites d'un cadre purement
statistique.

Juillet 1867.

RÉCOMPENSES OBTENUES PAR LA MOSELLE.

Décorations de la Légion d'honneur.

MM.

Didierjean, à Saint-Louis.
Dupont, à Ars.
Geiger fils (de), à Sarreguemines.

MM.

Lévy, ingénieur, à Paris.
Massing, à Puttelange.

Grand prix.

MM.

Kind et Chaudron, à Saint-Avold.

Médailles d'or.

MM.

Coulaux, à Bœrenthal.
Cristalleries de Saint-Louis.
Dietrich (de), à Mouterhausen.
Dupont et Dreyfus, à Ars.
Karcher et Westermann, à Ars.

MM.

Massing, à Puttelange.
Tessié et Karcher, à Grosbliederstroff.
Tessié et Maréchal, à Metz.
Utzschneider, à Sarreguemines.
Utzschneider, à Sarreguemines.

Médailles d'argent.

MM.

Bouchotte, à Metz.
Burgun-Schwerer, à Meysenthal.
Compagnie des mines de Saint-Avold.
Dietrich (de), à Mouterhausen.
Dietz, à Montigny.
Gouvy, à Hombourg.
Gouvy, à Hombourg.

MM.

Huber-Pauly, à Sarreguemines.
Maréchal père et fils, à Metz.
Revel, à Ars.
Tessié et Maréchal,. à Metz.
Walter-Berger, à Gœtzenbruck.
Yvon, à Paris.

Médailles de bronze.

MM.

Adam, à Metz.
Adelsward (d'), à Longwy.
Adt, à Forbach.
Combé, à Gœtzenbruck.
Écoles municipales de Metz.
Goulier, à Metz.

MM.

Goussel, à Metz.
Haffner, à Sarreguemines.
Labbé, à Gorcy.
Pougnet, à Landroff.
Sendret, à Metz.
Valet, à Forbach.

Mentions honorables.

MM.

Becker, à Uckange.
Beller, à Metz.
Bugleau, à Saint-Louis.
Champigneulle, à Metz.
Haffner, à Sarreguemines.
Jahiet, à Ottange.

MM.

Lacour, à Sarreguemines.
Mouzin, à Metz.
Röckel, à Metz.
Winclair, à Saint-Louis.
Winsback, à Metz.

(D'après l'édition du Catalogue officiel des récompenses.)

TABLE DES EXPOSANTS DE LA MOSELLE.

TABLE ALPHABÉTIQUE DES MATIÈRES.